班主任与孩子零距离的心灵沟通

强大的学生
需要强大的老师

曾维惠 著

全国百佳出版社
中央编译出版社
Central Compilation & Translation Press

图书在版编目（CIP）数据

强大的学生需要强大的老师/曾维惠著.—北京：
中央编译出版社，2011.12
ISBN 978-7-5117-1103-8

Ⅰ.①强…Ⅱ.①曾…Ⅲ.①青少年教育－研究 Ⅳ.①G775

中国版本图书馆CIP数据核字(2011)第229444号

强大的学生需要强大的老师

出 版 人：和 龑
策划编辑：冯　章
责任编辑：冯　章
特约编辑：蔡荣建
版式设计：姜晓宁
出版发行：中央编译出版社
地　　址：北京市西城区车公庄大街乙5号鸿儒大厦B座（100044）
电　　话：（010）52612345（总编室）　　（010）52612351（编辑部）
　　　　　（010）66161011（团购部）　　（010）66130345（网络销售）
　　　　　（010）66130345（发行部）　　（010）66509618（读者服务部）
网　　址：http://www.cctpbook.com
经　　销：全国新华书店
印　　刷：北京温林源印刷有限公司
开　　本：787×1092毫米　1/16
字　　数：128千字
印　　张：12.5
版　　次：2012年2月第1版第1次印刷
定　　价：26.00元

本社常年法律顾问：北京大成律师事务所首席顾问律师　鲁哈达

目 录

情感篇　因为有爱，所以幸福

　　孩子，让我们一起学会爱 / 003

　　一颗感恩的心 / 009

　　放弃这次约会吧 / 015

　　把那颗红豆永远珍藏 / 022

　　我可不可以哭泣 / 028

　　去看看妈妈吧 / 034

　　知心朋友，幸福相伴 / 040

　　回家吧，孩子 / 047

　　父子如兄弟 / 053

　　爸爸真的是个"吝啬鬼"吗 / 059

心态篇　阳光心态，幸福人生

　　孩子，抬起头来 / 069

　　孩子，你还犹豫什么 / 075

　　嫉妒之心不可有 / 082

　　微笑着面对生活 / 088

尖叫，也是一种释放 / 094

健康才是美 / 101

不要以生命为赌注 / 108

花有重开日，人无再少年 / 114

成熟是一件幸福的事情 / 120

活着就是一种幸福 / 126

品质篇　优秀品质，优秀人生

乐观，让我们的生活充满希望 / 135

让我们一起坚强地走过 / 141

吃点苦头，值 / 147

我很棒，我能行 / 153

自己的蓝图自己描绘 / 159

将不可骄，骄则失败 / 166

叛逆，不是花季雨季的代名词 / 172

人而无信，不知其可 / 178

赠人玫瑰，手有余香 / 184

当家才知盐米贵 / 190

情感篇　因为有爱，所以幸福

孩子，常怀一颗感恩之心，感恩你身边的每一个人吧。在别人需要宽慰的时候，说几句宽慰的话语，温暖别人的心灵；当别人需要帮助的时候，伸出你的手，送去阵阵温情；当别人遇到挫折的时候，借出你的肩膀，为别人撑起一片蓝天……

爱别人，就要尊重别人。只有尊重别人，你才能得到别人的尊重。

爱别人，就要宽容别人。孩子，宽容也是一种美德。你的宽容，能让别人更好地改正错误；你的宽容，能让你与别人的心越走越近。

爱别人，就要理解别人；爱别人，就要帮助别人……

孩子，把你的爱撒向人间吧，让爱的种子，生根、发芽、开花、结果……

孩子，让我们一起学会爱

个案展示

班上有一个自称"冷雪"（冷血）的孩子，她面若冰霜，对任何人、任何事都没有笑脸。有一次，班委们策划了一次以"爱"为主题的班会，孩子们在黑板上写了一个大大的"爱"字，然后还写了一幅标语——让世界充满爱，谁知，"冷雪"却跑到黑板跟前，把那个"爱"字擦掉了。孩子们都害怕她平日里那份"冷酷"，都不知所措。

事后，我找到了她，在与她谈心的时候，我说："爱，是一种很美好的情感……"我的话还没有说完,她便说:"我不会爱!我连我的妈妈也不爱,还有谁配我去爱?"

"我不会爱!我连我的妈妈也不爱,还有谁配我去爱?"她的话,深深地刻在了我的心上。我的心,在泣血……

心灵交流

亲爱的孩子:

孩子,你要学会爱妈妈,爱自己,爱身边的每一个人。

孩子,你首先要爱你的妈妈。

孩子,当你还在你妈妈肚子里的时候,她就饱受着痛苦的煎熬:由于妊娠反应强烈,你的妈妈常常是吃什么吐什么,常常是浑身酸软无力、脸色苍白。但是,在她的脸上,看到的不是抱怨,而是幸福的微笑。

在你妈妈怀孕期间,她一定喝过许多青果水,因为青果泡水,能祛胎毒,这样,孩子出生后会少生疮。于是,她一定天天泡青果水来当茶喝。孩子,你知道吗?青果水苦啊,可是,你妈妈一定会说:"为了孩子好,这点儿苦算得了什么?"

孩子,老师告诉你一句话:"孩子的生日,就是妈妈的遇难日。"民间有句俗语说:儿(女)奔生,娘奔死。意思就是说:妈妈在生孩子的时候,一只脚就迈进了棺材,如果遇上意外情况,另一只脚也迈进了棺材。你的妈妈生你时,是多么的辛苦啊:产前的阵痛,痛得她撕心裂肺地呼喊,那是谁也不能分担的痛苦啊！孩子，你一定要照顾好你的妈妈，为了生你，她付了多么昂贵的代价啊！当然，在养你的过程中，你的妈妈还要付出更多的心血，那是用金钱所不能衡量的。

孩子，前两天，老师在网上看到了两则关于《血色母爱》的故事，我也把这两个故事讲给你听听：

在唐山大地震中，一对母子被压在废墟底下，动弹不得，不谙世事的婴儿就在母亲的身边。几天以后，人们找到了这对母子，母亲已经离开了人间，婴儿却安然无恙，口里还含着母亲的食指。原来，这位伟大的母亲，咬破手指，用自己的鲜血延续了孩子的生命。

一位母亲和女儿去阿尔卑斯山滑雪，遇上了可怕的雪崩。他们穿的是银灰色的滑雪装，不容易被在天空中盘旋的救援直升机发现。眼看女儿就要昏迷过去，为了让女儿生还，这位母亲割断了自己的动脉，让鲜血浸红雪地，直升机才发现了目标。这位母亲，用生命换回了女儿新生。

孩子，爱你的妈妈吧！你的妈妈虽然没有像上面两个故事中的妈妈一样，用自己的生命换回你的生命，但我相信，她是这个世界上最爱你的人，也是这个世界上最值得你爱的人。

孩子，你知道古人孝敬母亲的故事吗？我给你讲讲汉代的蔡顺"拾葚异器"的故事吧：蔡顺年幼丧父，他对他的母亲非常孝顺，当时，正值王莽军乱，又遇饥荒，柴米昂贵，他只得靠拾桑葚给母亲充饥。一天，正巧遇上赤眉军，一个士兵厉声喝道："为什么把红色的桑葚和黑色的桑葚分开装在两个篓子里？"蔡顺说："黑色的给母亲食用，红色的自己吃。"孩子，你可知道，桑葚是黑色的甜啊！赤眉军被他的孝心感动，送给他三斗白米、一头牛，让他带回去供奉母亲，以示敬意。

孩子，古今中外，孝敬母亲的例子还有很多很多。大凡事业有成的人，都是十分孝敬母亲的。

孩子，请你记住：有一个人，无论你走到哪里都舍不下对你的牵挂，她愿把自己的一生无私地奉献给你；有一种爱，它让你地索取和享用，却不要你任何的回报……这一个人叫"母亲"，这一种爱叫"母爱"。

除了爱母亲，孩子，你还要学会爱自己、爱身边的每一个人。

母亲冒着生命危险，生育了你，你是母亲一生最大的希望，你的快乐是母亲的快乐，你的悲伤是母亲的悲伤，你的一举一动都牵动着母亲的心啊！所以，孩子，你没有理由不爱自己。

只有爱自己，你才能更多、更好地把自己的爱，奉献给更多的人、乃至自己的祖国。我们身边的每一个人，都值得我们去爱。你的爱，对身边的人非常重要：

你的爱似冬日里的一缕阳光，让心灰意冷的人感觉到春天般的温暖；你的爱似沙漠中的一泓清泉，让濒临绝境的人看到了生的希望；你的爱似飘荡在夜空中的一首歌谣，让孤苦无依的人感受到心灵的慰藉……

爱别人，就要尊重别人。只有尊重别人，你才能得到别人的尊重。

爱别人，就要宽容别人。孩子，宽容也是一种美德。你的宽容，能让别人更好地改正错误；你的宽容，能让你与别人的心越走越近。

爱别人，就要理解别人；爱别人，就要帮助别人；爱别人，就要心中时刻想着别人……

孩子，把你的爱撒向人间吧，让爱的种子，生根、发芽、开花、结果……

爱你的老师
2010年9月15日

寄语孩子

※印度诗人泰戈尔说："爱是理解的别名。"爱，是一种美好的情感，是人与人之间沟通的桥梁。我们的世界因为有了爱，才更加美好。

※爸爸妈妈给予了我们生命，是这个世界上最值得我们爱的人。爱爸爸妈妈，就是对他们给予我们生命的一种回报。当我们还没有能力给予爸爸妈妈以物质回报的时候，我们只能用"爱"这种情感来温暖他们的心。

※爱，是相互的，只有你把真挚的爱给了别人，别人有所感悟，你才能收获到真挚的爱。

※你可以用一个眼神、一个动作、一句话语等，来表达你对亲人和朋友的爱。

※当你的亲人和朋友给予你爱的时候，你要真诚地向他们表示谢意，哪怕是一个微笑、一个点头示意、一句话语等。

寄语父母

※在日常生活中，设身处地地教孩子学会爱父母，从小给孩子讲父母在我们生命中的重要性，让孩子懂得，没有父母，便没有我们。

※带着您的孩子，和您一起回老家看望父母，当着孩子的面，向父母表达孝心。您对您的父母说的关切的话，您为父母做的一件件暖心的事，您一定要让孩子看到，让孩子感觉到，您爱您的父母。

※您要尽可能地爱您身边的每一个人，毫不吝啬地把您的爱给身边的人，让孩子感受到你博大的爱心。

※替孩子记住他朋友的生日，和孩子一起为他的朋友送去生日祝福。

※定期带孩子去敬老院献爱心。

孩子，常怀一颗感恩之心，感恩你身边的每一个人吧。在别人需要宽慰的时候，说几句宽慰的话语，温暖别人的心灵；当别人需要帮助的时候，伸出你的手，送去阵阵温情；当别人遇到挫折的时候，借出你的肩膀，为别人撑起一片蓝天……

一颗感恩的心

个案展示

在橘黄色的灯光下，我一本一本地翻阅着孩子们的周记。

> 上周末，本来是我爸爸的40岁生日，家里置办了酒席，妈妈在电话里说，好多亲朋好友都要来为爸爸祝贺生日，让我也回去一趟。几个好朋友都劝我回去，可是，我为什么要回去呢？不就是一个生日吗？……

读到磊磊写在周记本上的这段话，我陷入了深思：爸爸的40岁生日，又正逢周末，孩子为什么不可以回去为爸爸祝贺一下生日呢？没有孩子一起过的生日，对一个父亲来说，是不会快乐的。

我找了磊磊谈话：

"磊磊，听说上周末是你爸爸的生日，你怎么不回去呢？"

"我觉得没有必要回去，每年都有生日要过，很平常的一件事情。"

"你可以通过这种方式，表达一下你对父母的感激之情啊。"

"他们生了我，就应该养我……"

……

这是一次失败的谈话，我深深地反思自己，在孩子的教育上，出了严重的问题，忽略了对孩子的感恩教育。

心灵交流

亲爱的孩子：

首先，我怀着一颗真诚的心，感恩你。感恩你对我的信任，感恩你愿意把你的心里话说给我听。好多同学的周记，都记些无关紧要的事情，都是为了敷衍我的检查。而你，愿意在周记里写出你的心里话，是对我极大的信任。在此，我再次真诚地感恩你！

孩子，我们来到这个世界上，首先要感恩我们的父母，是他们把我们带到了这个世界上。当我们还是一个胚胎，在母亲的体内开始发育成长的时候，父母便开始了对我们的养育，当我们以大声啼哭向世界宣告我们的降生的时候，父母便开始了忙碌而快乐的生活。他们无微不至地照顾我们，他们起早贪黑地养育我们，他们不辞辛劳地教育我们……在父母的养育之下，我们一天天长大成人。

孩子，父母于我们的恩情，比山还大，比海更深。你可曾看见，每当天气转凉，教室的窗外便徘徊着父母们的身影，他们或带着衣服，或带着被子，生怕自己的孩子着凉。你可曾听见，电话亭里，当同学们在给远方打工的父母打电话时，说得最多的就是钱；电话过后，同学们很快就能收到父母寄来的血汗钱。你可曾看见，地里田间，父母们面朝黄土背朝天，他们用汗水浇灌出来的就是我们的幸福之花啊……

父母的付出是发自内心的，他们无怨无悔，根本不需要回报。然而，面对父母，我们需要有一颗感恩之心，以慰藉他们的拳拳爱子之心。

父母的生日，也许你正处于忙碌的学习之中回不了家，然而，你可以打一个电话回去，对他们说一声："生日快乐！"最简单的四个字，却表达了你最深厚的感恩之情。如果你能带上一个甜甜的微笑，如果你能带上一份小小的礼物，哪怕只是一张小小的卡片，如果你能用一个优异的成绩，如果你能亲自做一顿可口的饭菜……为父母祝贺生日，那么，他们一定会认为自己是天底下最幸福的人儿。

对父母的感恩，并不需要我们付出多么大的代价，礼物的昂贵与低廉，在爱的天平上是等值的。一串昂贵的珍珠项链与一串手工的手链等值，一个精美的发卡与一张纸质的贺卡等值，一块名贵的手表与一句深情的"爸爸，祝您生日快乐"等值，一个大大的蛋糕与一盆热腾腾的洗脸水等值……

孩子，我们应该常怀一颗感恩之心，感恩父母，感恩身边的每一个人。

　　我们的成长，离不开老师的关爱与教育。在学校里，老师也许曾亲手为你整理床铺，也许曾亲自送你去过医院，也许曾亲手为你煎过中药，也许曾在你最困难的时候给过你资助，也许曾利用课余时间为你补习功课，也许曾拿出微薄的工资为你买过书本文具，也许曾在你最低沉的时候拍着你的后背对你说："孩子，挺住……"

　　孩子，怀着一颗感恩的心，感恩你的老师吧。当老师走进教室，看到讲桌上那束盛开的野花，她会笑得很灿烂。教师节的时候，你的一张贺卡、电话里的一句问候，都能让老师的心中溢满幸福。当老师抱着一摞厚厚的作业本走来，你赶紧跑过去，一把接过作业本，说："老师，我来帮您！"老师会感受到为人师者的快乐。当你捧着鲜红的获奖证书，对老师说一声："谢谢你！"老师会感到无比的幸福与骄傲……

　　还记得那年初夏，我陪着快要参加升学考试的孩子们熬夜，他们做功课，我就要在讲桌上备课，夜夜如此。终于有一天，我熬不住了，在我非常难受的时候，一个孩子递上一杯热茶，对我说："老师，喝吧，解渴又醒神儿。"我捧着的岂止是一杯热茶？那可是一颗感恩的心啊！

　　人生路，多少欢乐多少烦忧，多少成功多少坎坷。我们一路走来，总离不开亲人、老师和朋友的帮助。爸爸妈妈不在家的时候，也许爷爷奶奶照顾着你的生活起居；遇上困难联系不上父母的时候，也许邻居给过你帮助；你伤心失望的时候，也许朋友给过你安慰……是我们身边的人,在为我们的成长创造条件,开辟道路。

孩子,常怀一颗感恩之心,感恩你身边的每一个人吧。在别人需要宽慰的时候,说几句宽慰的话语,温暖别人的心灵;当别人需要帮助的时候,伸出你的手,送去阵阵温情;当别人遇到挫折的时候,借出你的肩膀,为别人撑起一片蓝天……

让感恩之心,代代传承。让感恩之情,永驻人间。

爱你的老师
2010年9月21日

寄语孩子

※感恩,是一种责任。社会给予了我们生存的空间与条件,给予了我们成长的物质与精神的需要,回报社会、感恩社会,是我们应尽的职责。

※感恩是一种处世哲学。一个善于感恩的人,他会得到更多的人的关爱与帮助。反之,则会成为角落里被遗忘的一员,成为社会的一名孤军。

※感恩一词,不能只是挂在嘴边,而是要从实际行动做起。我们还是孩子,没有强大的经济实力做后盾,我们的感恩,只能小事做起:给父母洗一次脸,给老师递一杯热茶,给哭泣的朋友一张纸巾……这些,都足以表达我们的感恩之心。

※感恩别人，除了感恩别人对我们的关心与帮助，还要感恩别人对我们的宽容与接纳。宽容与接纳是一种博大的胸怀，感恩这种胸怀，学习这种胸怀，于我们终生有益。

寄语父母

※为人父母，不能居高临下，认为只能是孩子对自己感恩。感恩是相互的，孩子为我们付出了，我们也应该怀一颗感恩之心，以实际行动感恩于他们。

※以身作则，以实际的感恩行动感染孩子。当你需要感恩于人的时候，带上你的孩子，让他亲眼目睹你的感恩之举，体会你的感恩之心。

※教育孩子，收获与付出是成正比的。一个懂得感恩的人，必定会得到更多的关心与帮助。

※多带孩子参与一些感恩活动，让孩子在活动中体验感恩，懂得要回报生活，以求不断完善自我。

我们的爸爸妈妈，倾尽一生的心血来爱我们，把他们当成我们最好的朋友，何尝不可？我们的老师，为了我们的成长，甘做春蚕蜡炬，把他们当成我们最好的朋友，又何尝不可？我们身边的同学，与我们有着同样的梦想，都是一样的年龄，都有着共同的追求与爱好，把他们当成最好的朋友，又何尝不可？这些朋友，可以分担你的忧愁，可以分享你的快乐。

放弃这次约会吧

个案展示

晚自习的铃声响了，我照常到教室里点名。我发现了一个空位，一个叫娟子的女孩子没有来上晚自习。

我把娟子的同桌杨涛叫到走廊上，问了一些情况。杨涛说：下午放学的时候，娟子问过他哪家网吧的网速最快。

我一下懵了，一向听话的娟子，怎么会逃课去网吧？我反复地询问杨涛，问他是不是听错了。杨涛确定他没有听错，娟子是有要去找网吧的意思。

我不敢耽搁时间，赶紧朝校外奔去。

我在一家网吧里找到了娟子。我已经站在娟子的身后了，她

却没有发现我的到来,因为,她聊天聊得太投入了:

……

雪地苍狼:我可以给你一个宁静的港湾。

无泪天使:许多无奈,无法对别人说……

雪地苍狼:我愿意做你的忠实听众。

无泪天使:如果有一天,我什么都没有了,怎么办?

雪地苍狼:这个星期天上午10点,我们在人民公园的翠柳湖边见面。到时候,我上穿一件白外套,下穿一条牛仔裤。

无泪天使:你可不能失约,如果你失约了,我会让你后悔一辈子。

雪地苍狼:不见不散……

……

娟子要与一个素不相识的网友见面的事情,让我彻底难眠。拂晓时分,我披衣起床,开始给娟子写信……

心灵交流

亲爱的孩子:

我愿意做你最好的朋友,愿意倾听你的心声,愿意分享你的快乐,愿意分担你的忧愁,你愿意接纳我吗?

在生活中，许多人都可以成为我们最好的朋友。我们的爸爸妈妈，倾尽一生的心血来爱我们，把他们当成我们最好的朋友，何尝不可？我们的老师，为了我们的成长，甘做春蚕蜡炬，把他们当成我们最好的朋友，又何尝不可？我们身边的同学，与我们有着同样的梦想，都是花儿一样的年龄，都有着共同的追求与爱好，把他们当成最好的朋友，又何尝不可？这些朋友，可以分担你的忧愁，可以分享你的快乐。

孩子，我也愿意成为你最好的朋友啊！我们朝夕相处，共同学习，共同生活，共同面对学习与生活中的苦与乐，我们应该是最好的朋友啊！

孩子，网络是虚拟的，与网络中的人对话是那样的虚无缥缈，是那样的不着边际。坐在电脑前，谁也不知道网络另一端的人是什么样的，我们不能轻信网络中的人。QQ里面那些不知名的所谓的朋友，有时候不仅不能帮你解决难题，还有可能给你增加更多的烦恼。

与网友见面，悔恨一生的例子，不胜枚举。

一个男孩子，与网友见面，被一帮街上的小混混打得鼻青脸肿，扔进了长江里，幸亏被及时发现救起。

一个女孩子，瞒着家人，放弃学业，跑了几千里路，去见她痴情的网友。结果，她见到的不是一个人，而是一帮人。这帮人把女孩带到树林中，逼着她喝酒、抽烟，最后还遭到了惨无人道的轮奸。女孩东躲西藏，流落他乡，吃尽了苦头，才和家人联系上。

孩子，也许你会说，他们之所以遇上那样的事情，是因为他们不够成熟，而你，已经成熟了，已经能很透彻地分析问题了。

我来举两个例子吧。

一个年近30岁的女人，在网上恋上了一个自称有千万家产的男人。当她见到这个男人的时候，才发现这个男人是一个吸毒的瘾君子。这个男人把她关起来，逼着她卖淫，用她赚来的钱，买毒品吸食。很快，她也染上了毒瘾。她在那里受尽了折磨，在一个偶然的机会被人发现，才被解救回家。

孩子，这样的例子太多了。一个30多岁的成功男人，有权有钱有车有房，最后决定与一个网名叫"一网情深"的女网友见面。没想到，这个在网上与他情意绵绵红颜知己，却是一个十分剽悍的男人。这个男人带着一帮人，抢了他的车，还毒打他，威逼他说出了银行卡的密码。最后，他两手空空地回了家。

当然，我也并不是说，网络中的朋友都是坏人。毛泽东说："事物都有两面性。"是的，网络中肯定有好人，他们也可以成为我们的知心朋友。我们可以在网上与他们交流，可以说自己的心里话，可以交流学习和生活的感受。为什么一定要见面呢？网络中能坦诚相见的人，等真正见了面，就有可能形同路人，反而抹杀掉心存的那一丝好感。

但是，网络中坏人不在少数。孩子，你还小，你没有足够的能力保护自己。所以，你还是不要去与网友见面。

我一个同事的女儿，她非得与网友见面。懂事的她，叫妈妈陪她一起去。她告诉妈妈："这个网友，是一个很有学问的人，见一面，对我肯定有好处。"

同事便紧跟在女儿后面，来到了约定的地点。

同事的女儿说："妈妈，他说他穿的是白色T恤，一条牛仔裤。"

约定的时间到了，她们看见的是几个穿着怪异的小青年，其中有一个额前染着一撮儿红头发，上身穿一件白色T恤，手臂上还刺着青色的龙头，下身穿着一条市面上流行的有着千疮百孔的牛仔裤。

"女儿，我们赶快走吧。"

同事带着女儿，快速地离开了约会的地方。

同事的女儿所交的那个"很有学问的人"，竟然是这样一个让人害怕的人。如果让这个女孩一个人去约会，肯定会产生意想不到的后果。

孩子，也许，你把"雪地苍狼"当成你最知心朋友。也许，他的确是一个能做你知心朋友的好人。但是，网络是虚拟的，谁也无法判断网络的那端坐着的就一定是好人。孩子，放弃这次约会吧，就当是老师在恳求你。如果你一定要去，请让我陪着你，好吗？

爱你的老师
2010年9月29日

寄语孩子

※网络是虚拟的，不要轻信网络中的每一个人。网络中，肯定有真诚的人，愿意与你做最真诚的朋友，愿意分担你的忧愁，愿意与你交心谈心。但是，也有一些不法分子，通过网络骗取情色，骗取钱财。

※不要沉迷于网络。网络虽然能让我们敞开心扉，毫无顾忌地倾诉心中的情感，但也不能让自己陷进网络中，任意飘荡。现实生活才是我们生存的空间，唯有依赖现实，我们才能更好地生存与发展。

※在生活中，应该有几个知心朋友，一起分担忧愁，一起分享快乐，把注意力从网络上转到生活中。当你烦恼的时候，可以向你的父母、老师或同学倾诉，不能一味依赖网络。

※不要轻易相信网友，不要轻易与网友见面。如果网友以种种理由提出见面，你要学会拒绝，千万不能经不住诱惑而见面。

※如果网友向你借钱，向你寻求在经济上的帮助，请你一定不要轻信，这往往就是一场网络骗局。

※不可为了网友，放弃学业，离家出走。这样做往往会酿成悲剧。

寄语父母

※随时关注孩子的成长，关注孩子网络中的朋友，引导孩子交一些健康有益的网络朋友，如老师、作家、同龄的品学兼优的

孩子等。

※不要因为害怕孩子在网络中遇上坏人，而强迫孩子戒网。这样，只会加深孩子的逆反心理，他（她）会变本加厉地沉迷于网络交友。

※引导孩子以正确的心态上网，避开黄色网站，选择那些对孩子成长有益的网站。

※抓住孩子的兴趣与爱好，尽量让孩子在这一兴趣爱好上多下工夫，引导孩子朝这方面发展，这样，可以转移孩子的注意力，让孩子不再迷恋网络。

※如果您的孩子性格孤僻，您一定要多和孩子交流，让孩子愿意把您当成知心朋友，愿意和您说心里话。否则，孩子会逃离现实，在网络中寻求知心朋友，这样更容易被网络中的坏人利用，造成严重后果。

※一旦发现孩子有与网友见面的迹象，就要耐心地与孩子交谈，分析与网友见面的弊端，有理有据地说服孩子。千万不要蛮横不讲理，这样的态度，只能加剧您与孩子的矛盾，让孩子走极端，甚至离家出走。

俗话说：哪个少男不多情？哪个少女不怀春？在你们带锁的日记本里，偷偷地藏着几个"LOVE"、几片"红叶"、几颗"红豆"，这是很正常的事情。但是，为了我们大家的幸福，为了自己健康成长，你们一定要学会把这些东西永远藏着。

把那颗红豆永远珍藏

个案展示

她曾经是一个多么文静的女孩子，近段时间却变得焦躁起来。上课的时候，她魂不守舍；下课的时候，她望着窗外发呆；考试的时候，她还会忘记做一些题目；吃饭的时候，饭菜都冷了，她却食不知味……

找她谈话，她欲言又止的模样，真是让人心生爱怜。

孩子，你怎么了？

我一遍又一遍地在心里喊道。

终于有一天，她再也忍不住，给我写了一张纸条。纸条上的内容是：老师，我爱上了数学老师，怎么办？

找到了心结，就差一把打开心结的钥匙了。有一天，我和女孩子漫步在校园里的林荫小道上，我们边走边聊，讲述着我们的故事……

心灵交流

亲爱的孩子：

　　谢谢你愿意把你的故事讲给我听，真的，你能把我当成你最信任的朋友，我感到非常的幸福！

　　孩子，有你这样的朋友，真好！

　　你已经15岁了，你的心中，一定萌动着一份很热烈的情感。15岁，是一个多梦的年龄，是一个渴望得到爱的年龄，是一个愿意付出爱的年龄。孩子，你爱上了你的数学老师，这并不是你的错。我理解你对数学老师的一片真情。

　　但是，孩子，我要告诉你，你对数学老师的感情，不是爱情。

　　数学老师的妻子离他而去，你看见他的生活无人照顾，你同情他，你尊敬他，你怜悯他，所以，你渴望能照顾他。你对数学老师的这份情感，从根本上说，是源于你对他的尊敬。

　　也许你会说，你对数学老师的那份情感就是爱情；也许你还会说，你要做一个敢爱的女孩。你为了他，茶不思、饭不想；你为了他能幸福，愿意为他做家务；你为了他能安心工作，愿意牺牲自己的休息时间去照顾他……

　　可是，你知道你的数学老师为什么要拒绝你吗？在你眼里，他是无情的。孩子，我要告诉你，他做得对，他是在为你负责。

　　因为，你还只是个孩子啊！

孩子，我真的很感谢你，愿意把你的故事讲给我听。你也愿意听一听我的故事吗？

小时候，我就爱幻想，尤其是到了中学时代，我曾幻想过长大后当一名空姐，飞向蓝天，飞过大海……

可是，我的中学时代，也不是一帆风顺的。中学时代的插曲多着呢，尤其是初三时，我悄悄地喜欢上了班上的一个男孩，在我的眼中，他英俊、潇洒，就连他说话的眼神、走路的姿势，我都在日记本中描绘得细致逼真……

孩子，也许你会问："老师，他就是您现在的这位先生吗？"

孩子，别急，让我慢慢地讲给你听。

为了他，我吃不下饭，睡不好觉，上不好课，我的学习成绩下降了。直到有一天，一件事情改变了我……

其实，那也只不过是一件小事。

一次，他生病住院了，同学们都去看他，有的还给他买了水果。我也想买点什么，可是，我家穷啊，平时连零花钱也没有，哪来钱买东西送他呀……

那时的我，很伤心，我偷偷地在背窝里哭到半夜，却哭出了几个问题：我一无所有，我有什么资格爱别人呢？他有困难，我拿什么去帮他呢……

孩子，也许你会说："老师，有人说，爱是不需要金钱或物质付出的。"

可是，孩子，你听我说，真正的爱，也是一份重任。少男少女幼稚的心灵，无法体会爱的真正含义；少男少女柔弱的双肩，是无法承担这份责任的。

　　后来，我的班主任知道了这件事，她语重心长地告诉我："孩子啊，你的羽翼还未丰满，不要过早让自己承受这份心灵的重荷。你还没有真正走进生活，你怎么知道你的未来有多美好，你怎么知道什么才是你最好的选择呢？况且，现在，你认为美好的东西，若干年后，回头再望，也许就不再那么美好了。"

　　现在想来，我的老师的话对啊！

　　孩子，像你这样的年龄，是多梦的年龄，是花儿一样的年龄。俗话说：哪个少男不多情？哪个少女不怀春？在你们带锁的日记本里，偷偷地藏着几个"LOVE"、几片"红叶"、几颗"红豆"，这是很正常的事情。但是，为了我们大家的幸福，为了自己健康成长，你们一定要学会把这些东西永远藏着。

　　孩子，十五六岁，多彩的岁月，多梦的季节……相信你在梦醒之后，会看到更美的蓝天，会走向更美的未来。

爱你的老师
2010年10月11日

寄语孩子

　　※有人说，爱情是人世间最美好的情感。也有人说，青少年偷尝爱情的禁果，就犹如偷吃青橄榄。不成熟的爱情，会给你戴上沉重的枷锁，阻碍我们前进的步伐。一旦过早涉入爱河，你会

把许多心思放在上面，整日为这不切实际的爱多愁善感，心事重重，不但误了学习，生活也不快乐。

※随着生理的成熟，青春的情感萌动，是一件很正常的事情，这标志着你逐渐走向成熟。但是，我们要正确处理自己的这份感情，不成熟的爱情之花，只会过早地凋谢，不可能结出成熟的果实。

※如果你发现自己喜欢上了某个男生或女生，你不要自责，不要自己看不起自己，你应该正视自己的情感，把这一情感藏在心里，作为一份珍贵的记忆。

※转移注意力，是淡化所谓的爱情的最好方法。平常，多把心思放在学习上，积极参加班上和学校组织的活动，避免把心思放在有好感的某个男生或女生身上。

※师生恋，非常不利于你的学习。师生恋，常常是一种恋父情结或恋母情结的表现。如果你爱上了你的老师，你要告诉自己："他（她）是我的长辈，我要尊敬他，我不能因此而误了学习。"

※如果你的老师向你表达爱情，你一定要理智地避开。这种所谓的爱情，会荒废你的学业，会让你走入迷惘，葬送自己的前程。

寄语父母

※多给孩子一点爱，睡前给孩子一个拥抱，这很重要。皮肤饥渴，也会造成孩子寻求爱情，胡乱地投入他人的怀抱。你的爱，你的拥抱，能让孩子的皮肤得到满足，能温暖孩子的心。

※如果发现孩子早恋了,不要用粗暴的手段阻止,更不能恶语相讥或拳脚相向。你要耐心地和孩子聊天,告诉他(她)过早恋爱的害处,给孩子分析现在不适合恋爱的原因。

※不要伤害和孩子谈恋爱的另一方,那样只能促使孩子不顾一切地投入所谓的爱情中去,因为他(她)要表示对对方的爱,要保护对方的自尊,便会倔强地不顾一切地去爱,扭曲了心灵,伤害了他人,也伤害了自己。

※您要在百忙中抽出时间来陪伴孩子,和孩子一起聊天,一起读书,一起散步等,让孩子过得更充实。

※要给孩子营造一个温暖的家庭气氛。如果您和爱人三天一吵,五天一架,孩子感受不到家的温暖,在情感上,便会去寻找一个所谓的依靠,这样,早恋就产生了。

孩子，当你想哭的时候，你就尽情地哭吧，眼泪可以带走你的烦恼，可以冲洗掉你心中的伤与痛。当一个人遇到挫折的时候，他可以通过哭泣来排解心中的烦忧，可以通过哭泣来缓解心中的痛苦。

我可不可以哭泣

个案展示

一天中午，我端着刚打好的饭菜，从食堂出来，班上那个帅帅的小伙子涛涛迎面走来，他慌慌张张地递给我一封信，还像做贼似的不敢看我的眼睛。

打开信封，我读到了来自涛涛心底的呼喊：

……

为什么我一哭泣，爸爸妈妈便说我没有用？为什么我一哭泣，爸爸妈妈便骂我没有男子汉气概？难道，男子汉就不能哭泣吗？

老师，有时候我真想放声大哭，可是，我又怕背上一个"不是男子汉"的罪名。可是，我很多时候都强忍着内心的忧伤，不敢哭出声来，这样，心里难受啊！有时候，我难受得真想摔坏房间里所有可以摔坏的东西。

我为什么这样想哭？我越来越感到自己就是世界上最懦弱的男子汉，我越来越自卑，觉得自己是个没有出息的人。

……

如果不是这封信，我怎么也不会想到，这个帅帅的小伙子，这个在篮球场上屡战屡胜的小伙子，这个在数学奥赛中一举夺得全国一等奖的小伙子，却被该不该哭这一问题困扰着。

橘黄色的灯光下，我打开电子邮箱，找到涛涛的邮箱地址，开始给他写信……

心灵交流

亲爱的孩子：

孩子，请你记住，你并不是一个懦弱的男子汉。在老师的心目中，你是一个帅帅的小伙子，是一个风华正茂的小伙子，是一个在篮球场上屡战屡胜的小伙子，是一个在数学奥赛中一举夺得一等奖的充满智慧的小伙子……

孩子，你并不是一个懦弱的男子汉，不要为自己的哭泣感到自卑。

我要告诉你，哭泣，并不是一件见不得人的事情。哭泣，是人类的本能，它是一种正常的情绪宣泄，是任何人都不可避免的情绪特征。哭泣，是人与人之间一种高级的交流方式，它把人们紧紧地联系在一起。通过哭泣，人们便能知道对方的需求。

孩子，当你想哭的时候，你就尽情地哭吧，眼泪可以带走你的烦恼，可以冲洗掉你心中的伤与痛。当一个人遇到挫折的时候，他可以通过哭泣来排解心中的烦忧，可以通过哭泣来缓解心中的痛苦。当我还是你这个年龄的时候，我也有过许多一时解决不了的烦恼，我也有过失败的伤与痛，我会趴在妈妈的腿上哭泣，我会扑在朋友的胸前哭泣，我会找一个没有人的地方大声哭泣。然后，我会抹干眼泪，重新面对生活。

会哭泣的人，并不一定就是懦弱的人。哭泣不仅可以排解心中的烦恼，还可以让人得以镇静。科学研究表明，当一个人处于极度伤心或愤怒的时候，心血管可能会承受不住压力而出现意外。哭泣，便是最好的镇静方式。由此可见，哭泣，是人类最原始的需求，并不是懦弱的象征。

孩子，如果你想哭，你就到我这里来哭吧，我永远为你张开双臂，永远敞开胸怀，永远愿意听你哭泣。孩子，如果你离我太远，如果你实在找不到一个可以听你哭泣的人，你就找一个没有人的地方，放声哭泣吧，这个地方，可以是你自己的房间，可以是安静的村落，也可以是空旷的山野。不要害怕，不要自卑，哭泣并不可笑，哭泣并不代表懦弱，哭泣并不象征无能。生活是极为现实的，它既为我们准备了鲜花美酒，也为我们准备了荆棘坎坷，一个有血有肉的人，面对生活，是敢笑敢哭的。

孩子，你说你经常强忍着内心的忧伤，不敢哭出声来。听了这样的话，我心疼啊！强忍着忧伤，不哭出声来，会伤了身体。想哭，就哭出来吧。哭了，宣泄了，你会感觉浑身轻松，你会感觉生活依旧美好，前途依旧光明，你会重新扬起理想的风帆，乘风破浪，朝着理想的彼岸进发。

你说你会难受得想摔坏房间里所有可以摔坏的东西，孩子，我理解你的这一情绪，但是，我不赞成你的这一想法和做法。难受的时候摔坏东西，是不明智的举动，也是无奈甚至无能的举动。我们可以通过自我调节来排遣内心的忧伤，但绝不能通过摔东西来解决问题。如果你摔坏了东西，只会让问题陷入更加难以解决的境地。孩子，很高兴，你并没有那样做，你并没有摔坏你房间里的东西，我为你竖起大拇指。

关于你的信中提到的"出息"二字，我是这样认为的：有出息的人，并非就不会哭。不会哭的人，也并非一定有出息。有出息的人，一定是敢于奋斗、敢于拼搏、敢哭敢笑的人。疲惫了，摔倒了，哭泣了，爬起来，奋勇向前。顺利了，成功了，微笑了，挺起胸，继续拼搏。

接下来，你要好好地和你的父母沟通。把我刚才说的话，告诉给你的父母，你还要对你的父母说，你并不懦弱，相反，你是一个有血有肉、敢于正确面对生活的男子汉。如果你愿意，你可以把这封信给你的父母读一读，我想，他们一定会赞同我的说法，以后，他们也一定会更加理解你。

最后，我真心感谢你，感谢你把心里话说给我听，感谢你在最无助的时候想到了我，把我当成了你的知心朋友。孩子，我愿意永远倾听你的心声，我愿意永远陪伴着你，走过人生的每一段路程。

爱你的老师
2010年10月19日

寄语孩子

※笑与哭，都是一种情绪的宣泄，人生不可能总是一帆风顺，所以，面对失败与痛苦，我们也可以选择哭泣来缓解痛苦，排遣烦忧。

※面对身边朋友的哭泣，我们不能一味加以嘲笑与指责，而应该给予心灵的慰藉。

※不能把哭泣当成家常便饭，稍不如意便哭泣，这样，会给人留下不坚强的印象。

※哭泣也要注意场合，不要在什么人面前都哭泣。能看到你哭泣的人，应该是你信任的人，应当是能接受你哭泣的人。

※专家研究表明，哭泣的时间不宜过长。长时间的哭泣会有损记忆力和注意力，甚至降低免疫力。

※如果你特别爱哭，就要想办法克制自己的情绪，让自己冷静。

寄语父母

※孩子正值身心成长阶段，遇到挫折，难免会伤心落泪，这是很正常的情绪宣泄，您应该帮助孩子分析原因，找到解决问题

的方法。

※如果您的孩子当着您的面，放声哭泣，那是因为他把您当成了他最信任的人，这个时候，请您一定不要指责他，更不能责骂他懦弱，而应该给予他心灵的慰藉。

※如果您的孩子遇到挫折，却憋在心里，就是涨得满脸通红、泪水盈眶，也不愿意哭出声来，您要鼓励孩子哭出声来，这样，他的心里会好受一些。

※多抽时间陪孩子，了解孩子的喜怒哀乐，知道孩子为什么而笑，为什么而哭，培养孩子健康的心理表达方式。

回去看看你的妈妈吧！穿上妈妈为你买的衣服鞋袜，回到妈妈的身边，深情地呼唤一声："妈妈！"拿一把梳子，为妈妈梳一梳凌乱的头发。拿一个熟悉的杯子，给妈妈泡一杯热茶。做一桌妈妈最爱吃的饭菜，唱一曲妈妈最爱听的歌儿……

去看看妈妈吧

个案展示

这段时间，总有一位拄着拐杖、白发苍苍的老太太，颤颤巍巍地爬上那通往教室的三十级石梯，守候在窗口。她那双浑浊的眼睛流出两行老泪的同时，嘴里还念叨着："娟儿，回去看看你妈妈吧，她连我都不认识了……"

娟儿的外婆又来了，可是，娟儿却没有看外婆一眼。

我总是扶着老太太，把她送到校门外，送上回家的班车。然后，我拖着沉重的脚步，回到教室里，看到那个叫娟儿的女孩，低着头，掐着自己的手指甲……

我找娟儿谈过几次心，可是，她的话很少，交流起来也很困难。娟儿的父母离异了，她认为父母离异，责任全在妈妈，因为妈妈当着爸爸和她的面，把他们的结婚纪念品———套青花瓷餐具，扔进了垃圾桶。娟儿为了报复妈妈，不再理睬妈妈，还当着妈妈的面，和新妈妈非常好。娟儿的妈妈受不了这样的打击，精神有些失常。外婆来求娟儿回去看妈妈，可她怎么也不愿意回去。

心灵交流

亲爱的孩子：

　　我提起笔，还没来得及想到要和你说点什么，我便想到了我的外婆。在很遥远的记忆中，最疼我的是外婆。很多日子，我都是在外婆家度过的。白天，外婆总是牵着我的手，到山坡上去割草、放羊、锄地。回来的时候，外婆的背篓里装满了青草，我就屁颠屁颠地跟在外婆后面，一边跑一边说："慢点儿，慢点儿，不要把我走丢了……"晚上，外婆总是坐在那把竹椅上，抚摸着我的脸颊，教我唱儿歌："月亮走，我也走，我给月亮提笆篓……"

　　可是，我亲爱的外婆，早在多年以前，就离我而去，到了美丽的天堂。和外婆一起度过的日子，一直温暖着我的记忆。

　　孩子，你知道我有多羡慕你吗？你亲爱的外婆还能来学校看望你，你是多么的幸福啊！今天，你的外婆给你带来了你最爱吃的桂花糕。你一定还记得外婆做桂花糕的模样吧？外婆说，以前你总是缠着要她教你呢！孩子，你抽时间，到我这里来，把这些桂花糕拿去吧，桂花糕里，有着一份挥之不去的亲情。

　　外婆已经老了，连走路也得靠拐杖了。孩子，请你答应老师一个请求：如果你的外婆再来学校，请你扶她着她上下石梯，扶着她去校门外，再把她送上车。你年迈的外婆，腿脚很不方便，一级一级地爬那三十来级石梯，很不容易啊！

孩子，在此我恳求你，圆了外婆的心愿，回去看看你的妈妈吧。

我知道，你一直在怪你的妈妈，在和你爸爸的吵闹中，她摔了家里很多东西，还摔碎了那套她和你爸爸的结婚纪念品——青花瓷餐具，当你想方设法把这套餐具粘好之后，你的妈妈还是无情地把们扔进了垃圾桶，你的爸爸看不到希望，便和妈妈离了婚。我也知道，你渴望有一个圆满的家，你粘好妈妈摔坏的青花瓷碎片的目的，也是为了让爸爸妈妈和好。可是，大人们的事情，并不是做女儿的能够理解的，他们之间的矛盾，还需要由他们自己去解决，你已经尽力了。虽然你无法决定最终的结局，但你仍然是爸爸妈妈心中的好女儿。

孩子，我想，在父母离婚的时候，你选择了跟爸爸一起生活，并不意味着失去了妈妈，母女情是谁也无法割舍得下的。我知道，你的妈妈经常到学校来看你，经常给你带来日用品，还有你最喜欢吃的食物。在你妈妈的心目中，你永远是最重要的。可是，你却伤了你妈妈的心啊！

你的爸爸有了新妈妈，本是一件很正常的事情。你能和你的新妈妈相处得很好，我也为你高兴，说明你是一个会处事的好女儿。但是，如果你把对新妈妈的好，作为报复妈妈的武器，作为对妈妈的一种伤害，你还拒绝见你的妈妈，拒绝收下她带来的任何东西，孩子，你有没有想过你妈妈的感受？你是在用一把尖刀，一刀一刀地剜着你妈妈的心啊！

谁不希望有一个美满的家庭？谁不希望和自己的家人厮守在一起，享受天伦之乐？离异，对你妈妈的打击也是很大的。大人们选择了离婚，是因为他们的情感走到了尽头，而你，依然是他们的心头肉啊！你何不多给他们一些安慰，多给他们一些理解，让他们心灵的伤口早日愈合呢？

而今，你的妈妈孤身一人，过着凄苦的生活，她无奈地失去了家庭，却还要失去自己最心爱的女儿，这样的打击是多么大啊。孩子，此时此刻，你的妈妈一定在思念着你，一定在念叨着你的名字，你一定感觉到，有一个声音在呼唤着你，你一定感觉到，有一颗心在与你的心一起跳动……

孩子，去看看你的妈妈吧！外婆说，你的妈妈，因为思念你，已经精神恍惚，不认识身边的人了。孩子，心病还需心药医，唯有你，才是治好妈妈的病的良药啊！回去看看你的妈妈吧！穿上妈妈为你买的衣服鞋袜，回到妈妈的身边，深情地呼唤一声："妈妈！"拿一把梳子，为妈妈梳一梳凌乱的头发。拿一个熟悉的杯子，给妈妈泡一杯热茶。做一桌妈妈最爱吃的饭菜，唱一曲妈妈最爱听的歌儿……

孩子，我畅想着，你的妈妈见了你，一定会振作起来，开始新的生活。

孩子，我期待着你能回家，看看那个生你养你的妈妈……

爱你的老师

2011年10月30日

寄语孩子

※感情是一种很复杂的东西，我们要正确对待父母的离异。父母离异，是他们的感情走到了尽头，我们做儿女的，不能过多干涉与指责。

※父母离异后，我们都还是父母最亲爱的孩子，我们应该与以前一样爱他们和接受他们的爱。

※不能因为离异时谁是谁非而在心中怨恨某一方，这样，不但会伤害自己，还会伤害自己最亲爱的人。

※要定期抽时间去看望没有和你生活在一起的爸爸或妈妈，让他们感觉到，你心中依旧爱着他们。这样，他们的生活才会更快乐，他们才不至于因离异而心怀内疚。

※父母离异后，大多会重新组建新的家庭。在这样的家庭中，我们要尊重每一个家庭成员，不能我行我素，甚至有意伤害新的家庭成员。

寄语父母

※不要把婚姻当儿戏，结婚与离婚都要慎之又慎，否则，不但会伤害自己，还会伤害另一半和孩子。

※如果你们的情感走到了尽头，也要尽量克制自己的情绪，不要当着孩子们的面大动干戈，给孩子幼小的心灵留下不幸婚姻的阴影。这样，孩子有可能会惧怕婚姻。

※离异后，要精心呵护孩子的心灵，尽量少给孩子带去伤

害。要多抽时间陪孩子，关心孩子的学习和生活，不要让孩子觉得自己是你们失败婚姻的牺牲品。

※当你重新组建了家庭后，要协调好家庭成员之间的关系，不要让新的家庭成为新的矛盾激发点。

※当然，也不能因为觉得离异对不起孩子，而对孩子百般娇宠，这样，会害了孩子一生。离异后，对孩子的教育，依旧要把握好原则，不要认为对孩子百依百顺，就是对孩子情感的补偿。

多一个朋友，就多一分快乐；多一个朋友，就多一分幸福；多一个朋友，就多一分力量；多一个朋友，就多一条道路；多一个朋友，就多一笔财富。

知心朋友，幸福相伴

个案展示

　　郊游，是一件很令孩子们快乐的事情，一路上，孩子们都有说有笑，像一只只出笼的小鸟。但是，有一个叫洋洋男孩子，在爬山的时候，他要么走在队伍的最前面，把整个队伍落下一截，要么走在队伍的最后面，落在队伍后面十余步远的地方。到了目的地，大家都围坐在一起，聊天、吃零食，洋洋却一个人坐在一块岩石上，一边慢吞吞地嚼着面包，一边若有所思地望着山那边，仿佛在想着自己的心事。

　　据孩子们反映，洋洋平时就不愿意和同学接触，更不愿意与同学交流，他总是一个人上学，一个人学习，一个人回家，好像学校里所有的人和事都与他无关，好像这个世界上只有他一个人。

　　有一天，我打开洋洋的周记本，看到了这样一行字：

我真的好孤独！孤独得无法呼吸！

原来，表面平静的洋洋，内心却在做着激烈的挣扎。

心灵交流

亲爱的孩子：

我在提笔写信之前，就已经把你当成了我的知心朋友。孩子，你也愿意把我当成你的知心朋友吗？我冒昧地给你写这封信，你会把这封信读完吗？

孩子，如果你愿意把我当成你的朋友，我会从心底里感到非常幸福。孩子，你知道吗？多一个朋友，就多一分快乐；多一个朋友，就多一分幸福；多一个朋友，就多一分力量；多一个朋友，就多一条道路；多一个朋友，就多一笔财富。有人说："没有朋友，世界就不可爱。"孩子，如果你愿意把我当成你的朋友，我心灵的天空里，便多了几分靓丽的色彩，我生命的扁舟上，便多了一张美丽的风帆。

"一个人没有朋友，就像生活里没有阳光。"孩子，交几个好朋友吧，让温暖的阳光永远照耀在你的心田上，让你的生命之花充满朝气，让你前进的航船充满乘风破浪的力量。

培根说："友谊使欢乐倍增，使痛苦减半。"

把你的快乐和朋友们一起分享，这个世界便拥有了更多的快乐。还记得那个枫树枝头挂着浓浓秋意的日子，我收到了孩子送给我的一束弥散着淡淡药香的野菊花。我把这束野菊花带到了办公室,插在花瓶中,放在那张我们六个人围坐的大办公桌上。不一会儿,同事们都来了,他们有的闭起眼,静静地闻一会儿花香,有的看着花儿,脸上便绽开了笑容,有的干脆高声说道:"谁把美丽的秋天带进办公室里来了?真漂亮!"

是啊,这份本来属于我一个人的快乐,我把它带进办公室,就成了六个人的快乐。因为有了朋友,快乐便增添了许多。

把你的痛苦告诉给朋友,你的痛苦便少了许多。生活像万花筒,既会给我们快乐,也会给我们痛苦。如果你把痛苦憋在心里,你会感到十分压抑,会影响你的学习和生活。如果你把痛苦告诉给朋友,这些痛苦,便会在你的倾诉与朋友的倾听中,慢慢地随风而去,不复存在。

古人云:"以铜为镜,可以正衣冠;以史为镜,可以知兴替;以人为镜,可以明得失。"一个人没有好朋友,就不会看到自己的缺点。真正的朋友,除了能分享你的快乐,分担你的忧愁,还会像一面明镜一样,照出你的缺点。对于自己的优点,我们都很敏感,很容易发现,甚至把这些优点展现得淋漓尽致。但是,对于自身存在的缺点,我们往往看不到,长期下去,这些缺点便会影响我们的学习和生活,影响我们的健康成长。

记得小时候,我和我最要好的朋友笑妍做过这样一件事:我们每到周末,都要在对方的日记本上,写下对方的不足之处。一开始有这样约定的时候,我暗暗地想:"我一直是班里表现最好的学生,我哪会有不足之处啊?她是个调皮的丫头,缺点自然会有一大堆。"

第一个周末，我得意地在笑妍的日记本上写下：

  这家伙有些懒。

正当我自鸣得意的时候，我看到了笑妍在我的日记本上写下的一句话：

  有些自傲，不把一般的同学放在眼里。

我仔细一想，是啊，我一直是老师的宠儿，一般的同学，那些无特长的同学，特别是那些成绩差、表现差的同学，我更不会放在眼里。以前，我怎么就没有发现自己的这一缺点呢？

接下来的第二个周末，我又一次得意地在笑妍的日记本上写下：

  总是丢三落四。

在我眼里，笑妍有太多的缺点，我满以为笑妍再也找不到我的缺点了，但我还是看到了笑妍在日记本上给我写下的一句话：

  大声和妈妈争吵，是不尊重长辈的行为。

天啊，我一直喜欢和妈妈争吵，可我一直没觉得这是自己的缺点，我真为自己感到脸红。

后来的日子里，笑妍给我指出了许许多多的缺点，比如：不喜欢动脑筋，总爱遇上难题马上就问别人；身为班干部，偶尔也自由散漫；心眼太多，总是喜欢怀疑别人……

我很感谢笑妍，她就像一面明镜，让我看到了自身存在的许多缺点。我想，如今的我，能有这许多令人羡慕的优点，能做出这样一点点成绩，应该也离不开笑妍当初的直言吧？

孩子，在我们的人生路上，拥有一个或几个真正的朋友，是一件多么幸福的事情啊！真正的朋友，可以相互诉说心里的苦与乐。当你的朋友向你诉说的时候，请你用心倾听吧，倾听也是一种幸福。如果一个人愿意向你倾诉他心里的苦与乐，那么，他已经把你当成他的知己，一生中能拥有一个知己，难道不是一件幸福的事情吗？相互排忧解难，相互分享喜悦，不管是风和日丽，还是风雨兼程，一路上，有一个知心的朋友相伴，是人生最大的幸福。

爱你的老师
2011年11月6日

寄语孩子

※俗话说：一个篱笆三个桩，一个好汉三个帮。在我们的生活中，总是离不开朋友。没有朋友，便如同一只孤雁，悲伤地徘徊在灰色的天空中。没有朋友，便如同一棵独树，永远也成不了森林。

※有一首歌唱得好：一根筷子轻轻被折断，十双筷子牢牢抱成团。朋友便是力量。一个人要成就一番事业，就离不开朋友的鼓励、关心、帮助与支持。当我们遇到困难的时候，朋友可以帮我们渡过难关。当我们内心伤痛迷惘的时候，朋友可以为我们打开心窗，找到通往美好未来的道路。

※常言道：君子之交淡如水。真正的友谊，是情感上的依赖，而不是金钱上的来往。需要用金钱去交往的朋友，不是真正的朋友。

※交朋友，要擦亮眼睛，要交正直、好学、善良的朋友。如果我们不慎交了一些品质不好的朋友，不但会影响我们的学习和生活，甚至还会跟着走上歧路。

※朋友之间的关爱，是相互的，只有你付出了，你才会收获真正的友谊。当你得到一份真挚的友谊之后，你要像经营一片土地一样，经营这份友谊，用真情浇灌友谊之花，最终结出晶莹美丽的友谊之果。

寄语父母

※孩子的朋友，是孩子心灵的伴侣，我们不能用成人的眼光去衡量，更不能用势利的心态，教孩子用钱与势的标尺来交朋友。

※孩子把朋友带回家，当家长的要像对待自己的孩子一样对待孩子的朋友，千万不能冷眼相对，甚至当面得罪孩子的朋友。

※如果孩子交友不当，我们不能用粗暴的态度加以干涉，而是静下心来和孩子讲道理，和孩子一起分析：为什么不能和这个

人交朋友，如果和这个人继续做朋友，会产生什么样的后果，等等，让孩子认识到交友不当的危害。

※做家长的要以身作则，不要和道德品质有问题的人交朋友，更不能把这样的朋友带回家，给孩子带来不良影响。

孩子，你要相信，没有什么能阻断母女之情，没有哪一种牵挂能比得上母亲对子女的惦念，没有哪一个地方会比家更温暖。

回家吧，孩子

个案展示

班上一个名叫桑桑的女孩子，离家出走了。

看着办公桌上摆放着的桑桑的作业本，娟秀的字迹，优美的句子，惹得我心酸得想掉眼泪。桑桑是一个文静而倔强的女孩子，当她受委屈的时候，便喜欢咬着嘴唇，让泪珠儿顺着脸颊滑落，却不吭一声。

桑桑离家出走已经三天了，我、桑桑的妈妈和同学们四处奔走，都没有找到桑桑的影子。

晚上，我拖着疲惫的身子，回到家。吃过晚饭，习惯性地打开电脑，打开邮箱，一封主题为"桑桑该不该回家"的邮件，印入我的眼帘，我的心跳得厉害，我的手抖得差一点握不住鼠标：桑桑终于出现了！

我悬着的心回到了原位：至少，桑桑还平安……

读完这封电子邮件，我的心情十分沉重。桑桑的爸爸离世得早,她是由妈妈一手养大的。桑桑是妈妈唯一的希望,但是,最近她们之间却出现了感情的裂痕,母女俩总是吵,总是哭,总是说不到一块儿……

我睡意全无,开始给桑桑回信……

心灵交流

亲爱的孩子:

收到你的邮件,是我这些天来感到最为欣慰的一件事情。谢谢你在最伤心、最无助的时候想到了我,谢谢你把我当成你最值得信任的朋友。

孩子,回家吧,我们都在等着你。

我刚和你的妈妈通过电话,她拿起电话的第一句话便是:"桑桑,你在哪里,回家吧……"孩子,这样的话,听得让我揪心地疼啊!这些天,你的妈妈一直奔走在外面,她打遍了你可能去的亲戚家的电话,她一直把手机紧紧地握在手里,她一遍又一遍地查看手机短信,她多么希望你能主动与她联系啊,孩子!

你的爸爸走得早,妈妈一个人,又当爹又当妈,把你拉扯到现在这份儿上,真的不容易啊。为了不让你受到伤害,妈妈放弃了许多追求她的优秀的男人,放弃了属于自己的美好的婚姻生活……为了你,妈妈放弃了许多许多,她真的不容易啊!

因为妈妈把你当成她唯一的希望,所以,她对你的要求自然严了一些。周末,她不让你独自外出,是因为怕你疯玩,遇上坏人，也怕你耽搁了宝贵的学习时间。平时，她严格监督你的学习，是因为她希望你以后有出息，能为自己撑起一片天，因为，妈妈总有一天要老去，不能照顾你。

你说你的妈妈特别爱唠叨，孩子，我要告诉你，唠叨是母亲的天性。妈妈的唠叨里，藏着一份绵绵无尽的关爱，藏着一份美好的希望。妈妈的唠叨，是一件贴心的棉袄，能给你温暖。妈妈的唠叨，是夜空中的一颗星星，能给你指引前进的方向。你还小，许多事理都不太明白，这更需要妈妈的唠叨，因为妈妈的唠叨会流淌出许多道理，让你受益无穷。

孩子，十四五岁的女孩，性格不再像小丫头一样温顺，不再像六七岁的小丫头一样，成天围着妈妈撒娇。你有自己的思想，想要有一方自己的天空，总觉得自己已经长大，不再希望妈妈束手束脚……这些，我都能理解。你和妈妈之间，逐渐有了分歧，这是年龄的增长与性格的形成所导致的必然结果。但是，这些分歧，都可以通过沟通来解决，而不是以离家出走的方式来解决。

也许，有的时候，妈妈的脾气急躁了一些，我希望你能理解她。也许，你的妈妈正处于更年期，更年期的妇女，情绪不稳定，容易激动，容易生气，容易发火，这是生理所致，我希望你能原谅妈妈。没有丈夫的呵护，一个能独自撑起一个家的女人，是非常了不起的女人。你的妈妈，是一个非常了不起的妈妈，你的衣食住行，家里的大事小事、轻活重活，都是她一个人在打理，难道你不承认她是最了不起的妈妈吗？

孩子，纵使妈妈在言语上或行为上，对你有过激的地方，也请你能原谅她，她也许是望女成凤心切，而做了不该做出的举动。

孩子，妈妈把所有的爱都给了你，她不求回报，只求你能健康成长。孩子，多给妈妈一些爱吧！其实，妈妈的肩膀也很柔弱，妈妈的情感也很脆弱，妈妈也希望能找到了个温暖的港湾，并停泊在这个港湾里，好好地歇歇。这个温暖的港湾，只有你能给她。孩子，多给妈妈一些爱吧！理解妈妈，体谅妈妈，关心妈妈，便是对妈妈最好的回报。

可是，孩子，你毕竟还小，你的思想还不成熟，你的羽翼还不够丰满，你还不能走出母爱筑成的藩篱，更不能走出这个能让你健康成长的家。孩子，外面的世界是多么的纷繁复杂啊！你是在网吧里过夜吧？那里鱼龙混杂，乌烟瘴气，什么样的人都有啊。你是在旅店里过夜吧？有些旅店的治安很差，也不安全啊。你还可能露宿街头吧？如果这样的话，痛苦会撕扯着每一个关心你的人啊！

孩子，回家吧！也许，此时此刻，你的妈妈正在因为你而落泪。没有你在家的这个晚上，一定又是妈妈的不眠之夜。孩子，回家吧！家是最温暖的港湾。不管什么事，都可以回家再说。和妈妈之间再大的隔阂，都可以回家通过沟通化解。孩子，你要相信，没有什么能阻断母女之情，没有哪一种牵挂能比得上母亲对子女的惦念，没有哪一个地方会比家更温暖。

此时此刻，我多么希望你也坐在电脑前，等着接收我的这封邮件。

孩子，回家吧！你亲爱的妈妈，正坐在灯下，等着你！

爱你的老师

2011年11月12日

寄语孩子

※你的妈妈已经失去了自己心爱的丈夫，她不愿意再失去自己心爱的女儿。你的离家出走，无疑会给妈妈雪上加霜，她的心会为之而碎。

※单亲妈妈的脾性，也许不够温和，因为她要忍受常人所不能忍受的痛苦，因为她要承担常人所承担不起的责任，因为她既要充当母亲的角色，还要充当父亲的角色，她身上的担子，是许多人所不能及的。所以，孩子，你要原谅单亲妈妈偶尔出现的暴脾气，多给妈妈一点安慰与体贴，用爱去温暖她，去回报她。

※因为你是妈妈的唯一希望，所以，妈妈对你自然就严格了一些，你肩上的使命感自然就强了些。然而，你并不能因此而埋怨你的妈妈，她这是为你的成长负责。

※单亲妈妈的内心情感是很脆弱的，当你和妈妈出现了分歧时，千万不能冲着她大吼大闹，伤了妈妈的心。而是应该静下心来，和妈妈交流，这样更有益于增进母子情感。

※多关心你的妈妈吧，她为你付出了太多，她也是一个需要关爱的女子。

寄语父母

※也许，您站在单亲妈妈的角度，是想在生活中给孩子双倍的爱，让孩子不缺爱，甚至得到更多的爱。但是，过多的爱，会让孩子喘不过气来。

※孩子一天天长大，尤其是步入青春期的孩子，他们渐渐有了自己的主见，单亲妈妈不能事事都替孩子操办，处理问题时也要考虑孩子的意见，否则，很容易和孩子产生分歧。

※在抚养孩子的过程中，不能单纯考虑让孩子吃好穿好，长大成人，还要着眼于对孩子的品质、情操等方面的培养，培养孩子心胸开阔、懂得爱与回报等。

※与孩子相处，单纯有爱是不行的，还要与孩子多沟通，了解孩子的喜怒哀乐，不要把自己的意愿强加给孩子。

传说中有一种鸟，每年都要飞越太平洋。它所有的依靠的就是嘴里衔着的那截树枝：饿了，它就把树枝抛进海里，站在树枝上捕鱼；累了，它就站在树枝上休息一会儿；困了，它就在树枝上睡觉；起风浪了，它就牢牢地抓住树枝……

父子如兄弟

个案展示

这一天，我正在批改作业，一个中年妇女走进了我的办公室。

"老师，请您劝劝我们家满宁吧。"中年妇女焦急地说，"他和他爸闹别扭有好一阵子了，不为别的，就只为他爸扯了他的网线，不让他再上网。爷儿俩谁也不理谁，一个进了家门，一个就躲出去。现在，满宁居然搬到学生宿舍里来住。老师了，您看，我们家离学校就一条街的路程，有必要住进来吗？他完全是在和他爸怄气啊……"

满宁妈妈向我讲了满宁和他爸怄气的前因后果，我终于知道，满宁搬到学校来住，并不是为了挤出时间来学习，而是为了躲避自己的爸爸。这让我联想到了这些天以来满宁的臭脾气：做清洁卫生的时候，一个小男孩把水洒到了他的身上，他就把扫帚扔过去,把小男孩的额头磕出了血;交作业的时候,一个同学稍迟了一点,他把一大摞作业本全部都扔在地上;一直懂礼貌的他,那天居然和女生吵得脸红脖子粗……

原来,满宁是在家里和父亲闹气啊。

心灵交流

亲爱的孩子:

传说中有一种鸟,每年都要飞越太平洋。它所有的依靠的就是嘴里衔着的那截树枝:饿了,它就把树枝抛进海里,站在树枝上捕鱼;累了,它就站在树枝上休息一会儿;困了,它就在树枝上睡觉;起风浪了,它就牢牢地抓住树枝……

父亲,便是我们生活中的那截树枝……

如果说岁月如歌,父亲便是乐谱中跳跃的音符。没有父亲,我们的人生之歌就不会那么动听。如果说岁月如舟,父亲便是舟上飘动的风帆。没有父亲,我们的人生之旅就不会那么顺利。如果说岁月如诗,父亲便是诗中朦胧的意境。没有父亲,我们的人生之路就不会那么美丽。

父亲用有力的臂膀,为我们撑起一片美丽的蓝天;父亲用宽阔的胸膛,为我们营造一方避风的港湾;父亲用粗糙的双手,为我们创建一个美好的现在;父亲用深密的皱纹,为我们打造一个光辉的未来……

孩子,父爱如山般沉默,如山般巍峨。一根网线,根本不足以隔断父子亲情。当爸爸摘掉你的网线的同时,他是把最深沉、最伟大的父爱给了你,因为,他在为你的前途负责。孩子,初三了,你的确应该如你爸爸所说,应该把全部的精力投入到学习中来,不能再玩游戏了。

那一夜,你跑进了网吧。爸爸找到了你,而你却和他顶嘴,爸爸当着你同学的面,把你拽出了网吧。回到家里,你认为爸爸没有给你面子,便大声地和爸爸争吵,当他骂你上网是不务正业时,你却说他平日里抽烟喝酒也是不务正业。于是,你和爸爸之间的,就此蒙上了一层阴影。

孩子,我知道,你长大了,有自己的思想,有自己的见解。可是,如果你用自己仅有的这点思想与见解,去和一位爱子情深的爸爸争吵,甚至还振振有词地说他平日里抽烟喝酒是不务正业,你的确是伤了你爸爸的心啊。

你的爸爸是一位老实的乡下人,他拼命干活、拼命挣钱,为的就是给你的一个好的条件,让你成为有用之才。至于他平日里喜欢抽旱烟,偶尔喝一点酒解解疲劳,也是情有可原的事情,怎么能算得上不务正业呢?孩子,体谅一下爸爸,就当这点旱烟与米酒,是他的一点爱好吧。

孩子,你知道吗?就在你一声不响地搬到学生宿舍里来住的那个晚上,爸爸以为你离家出走了,他打着手电筒四处找你,大半夜没有回家。后来,你的妈妈在一条沟里找到了他,他正好被卡在两块石头中间,动弹不得。若不是你的妈妈及时找到了他,后果不堪设想。孩子,爸爸是爱你的啊!

孩子，都说父子如兄弟，我还说，父子也可以如朋友。同为男子汉，有什么不好沟通的呢？纵使爸爸有天大的错误，你作为小辈，也应该原谅他。更何况，就爸爸摘掉你的网线一事，他并没有错。

孩子，你去看看自家的那片庄稼地吧，地里的东西长势喜人，它们浸透了爸爸无数的心血。你去摸一摸那把被磨得亮闪闪的锄头吧，它是爸爸一生劳累的最好见证。你再看一看你家那几间宽敞明亮的房子，再看一看家里殷实的粮仓，每一块砖、每一片瓦、每一粒粮食，都是爸爸用汗水换来的。

孩子，体谅一下爸爸吧。

赶在爸爸收工回家之前，给爸爸卷一个旱烟卷，好吗？取出烤烟叶，把细碎的烟叶慢慢地裹进大片的烟叶里，把你的爱慢慢地融进烟叶里，做成一个烟卷。等爸爸回到家里，你从他的腰间取下烟斗，把烟卷放进烟嘴里，递给爸爸，再为他打燃打火机或划燃一根火柴。

孩子，也许，你卷的烟卷并没有爸爸卷得漂亮，但是，在爸爸的眼里，绝对是一件极为精致的艺术品。爸爸"吧嗒、吧嗒"地抽着烟，抽出来的肯定是幸福，那缕缕烟雾里，飘散开来的肯定是浓浓的爱。

这个时候，你和爸爸说几句话吧，可以说说你的学习，可以说一说你的老师和同学，可以说说地里的庄稼……就这样拉拉家常，说说平凡得不能再平凡的话，再大的怨气也会慢慢消释。

孩子，马上就到周末了，你可以扛着锄头，背着背篓，和爸爸一起到地里去，锄锄草，收收庄稼。歇息时，给爸爸倒杯水，递递毛巾，和爸爸说说话。

孩子，你已经是男子汉了，相信你会很好地和爸爸沟通。相信从今天开始，你们父子如兄弟，亦如朋友。

爱你的老师
2011年11月15日

寄语孩子

※因为父亲言语不多，所以，沟通起来也许不如像和母亲沟通一样顺畅。特别是男孩子最容易与父亲发生冲突，冲突后也不容易沟通。于是，就需要我们静下心来，心平气和地思考：冲突是因何而起？应该用什么样的方式来解决？如果是自己的错，就要主动向父亲道歉。如果是父亲的错，就要静下心来与他沟通，相信事情总会得到圆满解决。

※与父亲闹了矛盾，千万不能采取冷处理的办法，这样，也许会让父子之间的鸿沟越来越深，不利于家庭和睦。

※利用空余时间，多和父亲交心谈心，和父亲做兄弟、做朋友。多了解父亲的想法，了解父亲的快乐与忧愁。也可以把你的一些想法与困惑告诉父亲，父子俩一起分享快乐，一起分担忧愁。

※在生活中，要多关心父亲。父亲虽然是一座大山，看似坚强，也有软弱的一面，也需要情感的滋润。

寄语父母

※您作为一位父亲，您的职责不只是挣钱养家糊口，不只是让孩子衣食无忧，您还应该在忙碌中，抽出时间和孩子在一起，喝茶聊天，看电影，出去参加聚会，加深父子之间的感情。

※一位优秀的父亲，应该是一位善于倾听的父亲。如果你善于倾听，你会发现，孩子越来越喜欢向你诉说他的喜怒哀乐，你也能越来越了解孩子的生活和学习情况。这样，你就会更了解孩子，你们之间的误会便会越来越少，情感自然会越来越深。

※当孩子犯错误时，您可以暗示他不要再错下去，但千万不要当众打骂孩子，甚至羞辱孩子。如果您不顾及孩子的自尊，便会让孩子在情感上与您产生隔阂。

※在处理一些事情上，如果你事后发现是您的不对，您应该放下为人父的自尊，及时给孩子道歉，防止裂痕的加深。

孩子，父母在外面打工，背井离乡，真的很辛苦。城里虽然有着鳞次栉比的高楼大厦，但却可能没有他们的安身之所。为了省房租，他们可能几个甚至是十几个人挤在一间出租屋里。为了省饭钱，他们吃的饭菜可能还比不上以前在家里吃的。为了多省下一些钱，供你读更多的书，他们也许从来就不曾光顾过商场……

爸爸真的是个"吝啬鬼"吗

个案展示

一个晚霞燃烧着天边的黄昏，我在校园里漫步，经过电话亭的时候，听到了熟悉而又陌生的声音：

"爸爸，我要买复读机……现在用的这个功能不齐全，我要买新一代产品……不贵，只要580……不行！我现在就得买！你不寄钱来，我就不上课了！"

只听"啪"的一声，电话被重重地挂掉了。

从电话亭里跑出来的，是我班上的一个男孩子。

"杨越。"我叫住了他。

"在电话里和爸爸吵架呢？"我问。

"他是个吝啬鬼，总是舍不得多给我钱。"杨越还在生气。

"兴许你爸爸挣的钱本来就不多。"我说,"你节约一些,也是应该的。"

"他在城里工作,风光着呢,工资高,条件又好,就是不想多给我钱。"杨越满脸的委屈。

后来,我走访了杨越的几个亲人,得到的情况是:杨越的爸爸并非在城里风光,他并没有固定的工作,有时候到建筑工地上干活,有时候去码头当搬运工,有时候还为别人疏通下水管道,这些都是廉价的体力活,收入并不高。

杨越并不理解爸爸的辛苦啊。

心灵交流

亲爱的孩子:

今年,应一个报纸编辑的稿约,我写了这样一个故事,我放在这里,和你一起分享,好吗?

我在心里狠狠地骂爸爸是个吝啬鬼!在我的心目中,爸爸老是把他的钱口袋捂得紧紧的,一分钱也不愿意多给我。

在夜深人静的时候,我的眼前常常浮现出这样的画面:

在公司的财务室里,爸爸正在签字领工资。爸爸手里拿着厚厚的一沓钞票,兴奋地数着……

在繁华的都市街头,爸爸和他朋友们西装革履地走进一家咖啡厅，很有绅士风度地呷着咖啡，临走时，还给服务生小费……

傍晚，爸爸和他的朋友们悠闲地漫步在长江边上，说着笑着，好不惬意……

……

在我的想像中，爸爸在城里过着舒适而快乐的生活。

放暑假了，爸爸让我随邻村的叔叔（他回家看望过生病的孩子，准备返回城里）一起，到他打工的城市去玩几天。坐在火车上，我想像着爸爸住在漂亮的大楼里，我仿佛乘着电梯，来到了爸爸的房间，房间里摆着鲜花，床前摆着大屏幕的彩电……

下了火车，我们又坐了十几站的公交车，下车后，拐了无数个弯，穿过无数条巷，才到了爸爸住的地方。

这里有一片低矮的平房，那些古老的窗户斜靠在窗台上，仿佛在诉说着岁月的沧桑。墙角的野草丛中，还有几只小老鼠在旁若无人地做着游戏。许多苍蝇"嗡嗡嗡"地在我耳边萦绕，仿佛不欢迎我这个不速之客的到来……

走近潮湿的房间，扑鼻而来的是一股发霉的气味。这间不到二十平米的房间里，铺了一个大铺，我数了数枕头，一共有七个，这间小屋里肯定就住着七个人了。靠窗的地方，有一个锈迹斑斑的蜂窝煤火炉，炉上有一个带盖的铁锅。我揭开锅盖，只见里面还有一些没有吃完的菜饭（把菜和着饭一起炒着吃，便宜又方便），想必是走得太匆忙，没有来得及处理这些菜饭吧。

"亮子，"叔叔放下行李，从床头拿过一个纸做的牌子，说，"你休息一会儿，我要出去做工了。"

"叔叔，你是和我爸爸在一个地方做工吗？"我问。

叔叔微笑着说："是的呀，我们天天都在一起的。"

"那我也要去。"我脱口而出。因为我想看看爸爸做的是什么样的工作。

"这……你还是不要去了。"叔叔为难地说，"厂里是不让带小孩子去的。"

"我远远地看着，我不进你们厂里去。"禁不住我再三的请求，叔叔只好带着我一起，向爸爸工作的地方走去。

叔叔带着我，拐过好些个偏僻的小巷，便来到了闹市区。我心里真高兴呀，原来，爸爸在这样繁华的市区里工作呀！我畅想着爸爸一定有一间很整洁的办公室，办公桌上还放着一杯热腾腾的香茶……

"老弟，你从乡下回来了？你怎么把亮子带到这里来了？你应该让他在屋里休息呀。"爸爸的声音里充满了责怪，他下意识地把拿着硬纸板的那只手背到了身后。

爸爸不是在办公室里工作，这里是一个露天广场，广场上那些青青的石阶上，坐满了像爸爸这样的人：他们的身边放着劳动工具，手里举着一块硬纸板做的牌子，牌子上写着各种各样的内容，如：疏通下水管道、搬运工、粉刷墙壁、打扫卫生……

我绕到爸爸身后,我看到了爸爸手里那块硬纸板上写着的内容:疏通下水管道、搬运工。这一刻,我才真正读懂了爸爸脸上那深深的沟壑,才真正读懂了爸爸眼中那复杂的神情。

"疏通下水管道多少钱?"一个穿着时髦的女人凑过来问。

"是厨房的管道还是厕所的管道?"爸爸恭恭敬敬地问。

"厕所的,多少钱?"

"20元吧。"爸爸满脸堆笑。

"呵!要吃人不是?不动脑子的活儿,还要活抢人啊?"女人提高了音调。

"那就15元吧,已经是最低价了。"爸爸躬着腰,仿佛生怕丢了这笔生意。

"15元?掏一个下水道也要15元?那我卖掉一件衣服,不是要提成150元啰?"女人还在讨价还价。

"大妹子,我看您是个难得的好人,我就只收10元,算帮您一次忙吧。"爸爸讨好地说。

"我只出5元,去不去随便你!这满大街混饭吃的人多的是!"女人不屑地说。

"好好好,我这就去,我这就去。"爸爸赔着笑,准备跟着女人去了。

"唉,他已经整整三天没有张罗到一个活儿了,今天总算有5元钱的收入了。"身边的一位叔叔叹息着。

看着爸爸远去的身影,我陷入了沉思……那些青青的石阶呀,就是爸爸工作的地方……

孩子,父母在外面打工,背井离乡,真的很辛苦。城里虽然有着鳞次栉比的高楼大厦,但却可能没有他们的安身之所。为了省房租,他们可能几个甚至是十几个人挤在一间出租屋里。为了省饭钱,他们吃的饭菜可能还比不上以前在家里吃的。为了多省下一些钱,供你读更多的书,他们也许从来就不曾光顾过商场……

孩子,学习机还能用,就再用一段时间吧。能省的钱,就省一省吧。你还要读高中,上大学,你还要花更多的钱,父母所挣的钱,也是为了你能读更多的书。在孩子面前,父母从来都是无私的,请你体谅一下他们,好吗?

爱你的老师
2010年11月20日

寄语孩子

※父母外出打工,是为了挣钱养家,并不是为了出去享福。我们应该体谅父母,不能一味埋怨他们在金钱上对我们的控制。

※外出打工一族中,有些人能够找到好一些的工作,工作

环境相对好一些，工资相对高一些，而有些人因为本身条件的差异，只能做一些重体力活儿，挣的钱也不多。我们不能一概认为父母在外打工，就能挣到许许多多的钱。

※在平时的花销中，我们应尽量节俭，不要铺张浪费，更不可有攀比之心。在用每一分钱的时候，我们都要想到，这是父母在外挣的血汗钱。

※给远方打工的父母打电话的时候，不要充满怨气，而是应该多问候他们，从语言上多关心他们，让他们在遥远的地方感受到一份家的温暖。

寄语父母

※您在外面做的是什么工作，应该告诉孩子，不要因为怕伤了您和孩子的自尊而有所隐瞒。孩子知道了您做的是什么工作，才能体会到您的艰辛，才能更加理解与体谅您。

※不管您在外打工挣的钱是多与少，都要引导孩子有正确的消费观念，即是本着节约原则，本着不攀比的原则，合理地安排手里的每一分钱。

※要多与孩子沟通，告诉他们为什么不能乱花钱，告诉他们您现在的经济状况，让孩子了解家庭经济的现状。

心态篇　阳光心态，幸福人生

孩子，请把心门打开，让阳光进来。当第一缕阳光照进你的心田的时候，你会感受到，有一股暖流，缓缓地流过你的心间，你的心情会随之舒畅，你的脸上，会开出灿烂的鲜花。

孩子，你还只是一棵小树苗，你必须汲取营养，健康快乐地成长。孩子，抬起头来吧，空气是多么的清新，阳光是多么的灿烂，通往成功的道路，是那样的美好。一路上，有鲜花与你做伴，有掌声为你喝彩。

孩子，抬起头来

个案展示

新学期开学的第一天，孩子们都用新奇的眼光，打量着新的一切：新的老师，新的同学，新的校园，新的环境……

在这一群可爱的孩子中，却有那么一个小男孩，他始终把头埋得很低，一直打量着自己的手，或是脚上的鞋，或者毫无目的地反复翻着手里的那本书。

在后来的日子里，他害怕与同学相处，害怕与老师说话。班上的集体活动，他总是采取逃避的态度。有些孩子在私底下议论他，他也仿佛做了错事一样，不反抗，不争辩。他为什么要逃避？他为什么自卑？

因为，几年前，他的爸爸，因犯了抢劫罪，被送进监狱。

心灵交流

亲爱的孩子：

你知道吗？你的身旁，总有一双关注你的眼睛，总有一颗关注你的心。

孩子，在这里，我首先要告诉你一句话：爸爸的人生，不是你的人生。

孩子，你为什么要把头埋得这样低？生活是这样的美好，如果你抬起头，你会看到很美丽的风景。

人，都有做错事情的时候。你的爸爸一时糊涂，做错了事情，并不代表你也会做那样的事情。在我眼里，你是一个多么单纯、多么可爱的孩子啊！我相信你，永远也不会走上犯罪道路。

在我所带的班级里，曾经有一个叫强强的孩子，他的爸爸因为犯了杀人罪，被判无期徒刑。强强的爸爸入狱后，我一直担心强强，担心他学习成绩下降，担心他因爸爸的离去而丧失信心。

有一天，强强来到我的办公室，他对我说："老师，我想去看爸爸，您能帮帮我吗？"

我答应了强强的要求，并很快联系了强强爸爸所在的监狱，带着强强去他爸爸那里。看着脸上毫无光彩的爸爸，强强哭了。父子俩都沉默着。探监的时间就要到了，强强突然对爸爸说："爸爸，我还会来看你。"那个时候，我看见，强强爸爸的脸上，有了一丝亮光。

后来有一天，强强问我："老师，你知道我爸爸所在监狱的详细地址吗？"

我问强强："你拿地址有用吗？"

强强从书包里拿出一封厚厚的信，说："我给爸爸写了一封信，想寄去。"

我询问到了监狱的详细地址，帮强强把信寄了出去。后来，强强就经常给他爸爸写信。

有一天，我在检查周记的时候，发现强强写了这样一段话：

> 我给爸爸写了十几封信，爸爸终于给我回信了！我很高兴！看来，我的担心是多余的，爸爸一定比我更坚强！我相信，他会在监狱中改过自新……

看了这些话，我也为强强的坚强所感动！他可只是一个孩子啊，面对爸爸进监狱这一现实，他没有悲观，没有消沉，而是写信劝慰爸爸，让爸爸在狱中改过自新。

后来，强强的爸爸因为在狱中表现突出，从之前的无期徒刑减为有期徒刑，这让强强和爸爸都看到了希望。后来有一次，强强去探监的时候，他对爸爸说："爸爸，您好好改造，我也好好学习。我等着您回家。"

强强告诉我，他要好好学习，将来，到他爸爸监狱所在的城市工作，一边工作，一边照顾爸爸。

孩子，你看，强强是多么的坚强啊！你也可以做强强啊！我知道，你的爸爸离出狱的日子，越来越近了。当你和爸爸见面的时候，你的爸爸多么希望看到你有一张幸福的脸庞啊。

抬起头来，看看前方美丽的风景吧。

老师们的笑容很亲切，同学们的笑容很灿烂，天空真的很晴朗，小溪流得很欢畅……孩子，生活是那样的美好，你为什么总是低着头呢？

你的爸爸，虽然犯了错误，但他可以在狱中改过自新。你是你爸爸最大的希望，你的坚强，一定是你爸爸改过自新的强大动力。

爸爸的人生，不是你的人生。你的人生路，得靠你自己去走。你的人生蓝图，得靠你自己去描绘。

孩子，你有那样聪明的头脑，你接受新知识的能力是那样的强。你还记得吗？那次数学竞赛，你在最短的时间内，做出了最高的分数，当时，有好多老师和同学都朝你投去了惊羡的目光。

你写出来的字，是那样的漂亮。翻开你的作业本，那一行行端正而又漂亮的字，仿佛用心刻上去的一样。

孩子，你还只是一棵小树苗，你必须汲取营养，健康快乐地成长。孩子，抬起头来吧，空气是多么的清新，阳光是多么的灿烂，通往成功的道路，是那样的美好。一路上，有鲜花与你做伴，有掌声为你喝彩。

孩子，抬起头来，你会看到人生最靓丽的风景！

爱你的老师
2010年11月26日

寄语孩子

※"金无足赤，人无完人。"我们每个人都会犯错误，我们的父母也同样如此。他们也是有思想、有行为的人，如果行为或思想稍有偏差，就可能会犯错误。我们应该对此予以理解。因为，我们每个人都是在不断地纠错中成长与生活。

※面对父母犯错误受到法律制裁这一现实，我们不要觉得父母是在丢我们的脸面，而要正视他们所犯的错误，从心灵上和行动上帮助他们改过自新，像信中所写的强强一样，去看望爸爸，给爸爸写信，自己努力学习，以实际行动来感动爸爸。

※面对身边同学不屑的眼光，我们要敢于正视。长辈所犯的错误，不是我们的错误。长辈的人生，不是我们的人生。只要我们坦然面对，那些不屑的眼光便会慢慢消失。你要抬起头来，堂堂正正做人，好好学习，好好生活，让身边的人看到一个充满阳光的你。

※平时，多把心思放在学习上，用优秀的表现和优异的成绩作为最好的自我安慰。

※就把这样的现实当成是一次挫折吧。如果我们闯过了这一关，我们的人生会更加精彩。

寄语父母

※如果您的爱人触犯法律进了监狱，您不要在孩子面前唠叨您爱人的不是，更不能用污秽的语言侮辱您爱人的人格，这样，

会降低你们在孩子心目中的地位，孩子便不可能再听你们的话，不可能再尊重你们。

※您可以借您爱人这件事情，给孩子作一些分析，告诉他，什么能够做，什么不能够做，如何避免犯同样的错误等等，让孩子更明事理。

※定期带着孩子去探望您的爱人，让您的爱人享受家庭的温暖，让孩子享受团聚的快乐。

※闲暇时，多陪孩子，和孩子聊天，带孩子去散步或郊游，既可以转移孩子的注意力，也可以让孩子享受轻松愉快地生活，缓解内心的压力与忧郁的情绪。

※多与孩子的老师交流，随时关注孩子的思想动态，发现问题，及时解决。

"天将降大任于斯人也，必先苦其心志，劳其体肤，空乏其身，行拂乱其所为，所以动心忍性，曾益其所不能。"孩子，上天是公平的，当上帝为我们关上一扇门的同时，他一定会为我们打开一扇窗。孩子，生理上的缺陷，只是我们人生路上的一块很小很小的绊脚石，只要我们拿出勇气，就一定能迈过它，走向美好的未来。

孩子，你还犹豫什么

个案展示

校团委要选播音员了，班里的团支部书记正在物色合适的候选人。一天中午，团支部书记跑来告诉我："老师，大家都推荐婷婷参加校团委播音员的竞选，可是，她怎么也不愿意报名……"

团支部书记说得对，婷婷的普通话说得很好，因为她的音质好，还能做到字正腔圆。于是，我找到了婷婷。

"校团委要选播音员呢，你去竞选一下吧，你的普通话是我们班说得最好的，被选上的希望是很大的。"

"我……我……不去……"

"为什么呢？"

"我……他们……他们不会选我……"

……

谈话没办法继续下去。

婷婷是一个品学兼优的女孩子，但是，她总喜欢一个人待在座位上，看书，做作业，从不张扬，还显得有几分怯懦。婷婷的左耳廓缺了下半截，她总是用长头发来遮住耳朵，就是夏天，她也不愿意把头发扎起来。这应该是她怯懦的主要原因。

一个多么优秀的孩子啊，却因为有一点身体上的残疾，而害怕展示自己的才华，这无异于一颗闪亮的珍珠把自己埋进了土里。我提起笔，开始给婷婷写信……

心灵交流

亲爱的孩子：

你听过贝多芬的钢琴曲《英雄交响曲》吗？如果你没有听过，老师推荐你听一听吧。这首交响曲感情奔放，篇幅巨大，和声与节奏新颖自由，呈现出强烈的浪漫主义气氛，是贝多芬最著名的代表作之一。孩子，你知道吗？这部交响曲，诞生于贝多芬双耳失聪之后。晚年的贝多芬，"对生活的爱和对艺术的爱，战胜了他个人的苦痛和绝望，以坚强的意志，克服了重重困难"，创作出这部充满乐观主义的不朽乐章。

孩子，与贝多芬相比，我们是多么的幸运啊！一个听不到声音的人,都可以继续从事与声音有关的事业,并且是那样的执著与痴迷,像我们这些能听见大自优美乐章的人,还有什么理由不好好地学习,好好地工作呢?

还记得前些天我们学过一篇叫《我的老师》的文章吗?其作者海伦·凯勒在一岁半的时候便被猩红热(急性呼吸道传染病)夺走了视力和听力,后来又丧失了语言能力,她完全是生活在一个没有光明、没有色彩、没有声音的世界里。但是,海伦·凯勒并没有因此而颓丧,她在安妮·莎莉文老师的引导下,顽强地克服了生理缺陷所带来的精神痛苦,从迷惘中走出来,热爱生活,热爱人生,自强不息,掌握了英语、法语、德语、拉丁语、希腊语五种语言,写出了《假如给我三天光明》、《我的生活》、《我的一生》等著作。她还奔走于世界各地,为盲人募集资金,把自己的一生都献给了盲人福利和教育事业,成为19世纪美国盲聋女作家、教育家、慈善家、社会活动家。

孩子,与海伦·凯勒相比,我们是多么的幸福啊!当我们睁开眼睛,便能看到妈妈温柔的笑脸;当我们推开窗,便能看到灿烂的阳光洒得一地金黄;当我们来到园子里,便能看到姹紫嫣红的花儿竞相开放;当我们走进学校,便能听到书声琅琅;当我们站在演讲台上,便能铿锵有力,神采飞扬……

前些天,我在查找资料的时候,无意间点击了张海迪的新浪博客,这是一个多么令我震撼的博客啊!当我还是小学生的时候,便听老师给我们讲张海迪的故事。张海迪在5岁的时候因患脊髓病而高位截瘫,但是,她并没有被人生的坎坷打败,也没有因此而放弃对理想的追求。她自学成才，攻读了大学和硕士研究生的课程，还创作了《轮椅上的梦》、《生命的追问》等著作，2002年，张海迪创作了一部长达30万字的长篇小说《绝顶》，荣获"全中国第三届奋发文明进步图书奖"、"首届中国出版集团图书奖"、"第八届中国青年优秀读物奖"等奖项。

我在张海迪的博客中，看到的是一张灿烂而自信的笑脸，听到的是充满希望与激情的乐曲，读到的是充满清新隽永的文字……我真切地感受到了张海迪对生命的热爱和对未来的向往，真切地感受到张海迪在不屈地与命运抗争。如果不是看到她坐在轮椅上的照片，谁会相信这是一个高位截瘫的人的博客呢？孩子，如果你有时间，也去张海迪的新浪博客，欣赏一下她的风采，品读一下她的文字吧。

孩子，与张海迪相比，我们是多么的幸运啊！我们可以撒开脚丫，在林荫小道上恣意地奔跑；我们可以踏着优美的旋律，跳出美丽的舞蹈；我们可以在田径赛场上，像飞毛腿一样冲向终点……

不管是海伦·凯勒还是张海迪，她们都能正确地面对自己身体的缺陷，都能正确面对生活。海伦 凯勒一直奔走于世界各地，为残疾人事业贡献自己的力量。张海迪精心研究针灸学，学成后，她热情地接待病人，对那些不能行动的重病人员，她还坐着轮椅，登门去给病人扎针。她们都没有因为身体的缺陷而逃避生活，更没有因此而放弃理想的追求。她们在与厄运作斗争的同时，充分地展示自己的才华，散出了自己的光和热。

张海迪说:"我像颗流星,要把光留给人间。"是啊,她做到了,这是一颗永恒的流星,挂在天空,一直熠熠生辉。

孩子,你的声音是那样的甜美,你的普通话说得那样标准,这是令多少人羡慕的事情啊!也许你没有注意到,每当你朗读课文的时候,同学们都听得非常认真,因为你读得声情并茂。你还记得那次公开课吗?我抽你起来朗读课文,你读得那样认真,那么富有感情。下课后,一位听课的老师对我说:"那个女孩子,真是当播音员或主持人的料啊!"

"天将降大任于斯人也,必先苦其心志,劳其筋骨,饿其体肤,空乏其身,行拂乱其所为,所以动心忍性,曾益其所不能。"孩子,上天是公平的,当上帝为我们关上一扇门的同时,他一定会为我们打开一扇窗。孩子,生理上的缺陷,只是我们人生路上的一块很小很小的绊脚石,只要我们拿出勇气,就一定能迈过它,走向美好的未来。

孩子,团委播音室是一个很锻炼能力的地方,如果你去了那里,能接触更多的人和事,能学到更多的知识,能提高自己各方面的能力,更能展示你的才华。

孩子,你还犹豫什么呢?美丽的天使,在呼唤着你呢!

爱你的老师
2010年12月1日

寄语孩子

※身体的缺陷并不意味着失败的人生。正视自己身体上的缺陷，不掩藏，不躲避，坦然面对生活，微笑面对生活。

※如果有人嘲笑你，那是他们不懂事，你不要把别人的嘲笑放在心上，也不要因此而伤心，甚至做出过激的举动。

※热爱生活，珍爱生命，绝不轻言放弃，相信自己只要努力了就会取得成功。

※发现自己的特长，并好好学习，提升自身的素质，提高自己的能力，做一个对社会有用的人。

※当你悲观失望时，想一想自己的人生目标，想一想那些比你更困难的人，为自己加一把劲，为自己喊一声"加油"。

寄语父母

※不要嫌弃身体有缺陷的孩子。如果您嫌弃他，把他看做你生活的负担，还认为他让你脸上无光，那么，他会更自卑，甚至失去生活下去的信心与勇气。

※不能把有身体有缺陷的孩子关在家里，这样，一方面孩子不能正确面对现实，另一方面，孩子失去了与别的孩子交流和学习的机会，孩子便得不到快乐。

※要把您的爱倾注到孩子身上，培养孩子乐观的情绪与自信的品质，培养他战胜困难与挫折的能力，为以后的独立生活奠定基础。

※努力发掘孩子的优点与潜能，并好好培养，争取让孩子有

一技之长，这不仅能树立孩子的自信心，还能为孩子今后的生活寻找道路。

※鼓励孩子面对现实，多参加社会活动，在活动中体验生活的乐趣，在比赛中体验竞争的快乐，在成功与失败中体验生活的真正意义。

西班牙作家塞万提斯说过："嫉妒者总是用望远镜观察一切。在这望远镜中，小物体变大，矮个子变巨人，疑点变成事实。"我们不能奢望别人停下来等我们，更不能用不光彩的手段去让别人止步。我们要以乐观的心态去面对这些优秀的人，要在竞争中不断地进步。

嫉妒之心不可有

个案展示

"老师，给我调换一下座位吧，我不想坐在那里了。"

一天中午，杨念来到我的办公室，说要调换座位。

"和徐山坐在一起，不好吗？"我说，"他的学习成绩也是顶好的，你们可以互相帮助，争取更大的进步啊！"

杨念却阴沉着脸，口气坚决地说："我坐哪里都可以，就是不愿意再坐在那里了。"说完，便捂住脸，跑出了我的办公室。

徐山是开学的时候从外校转来的，为了让他更好的适应新环境，我便安排他与班长杨念坐在一起，一来可以在学习上相互帮助，二来可以让开朗的杨念带着他，早一些消除陌生感。可喜的是，徐山是一个品学兼优的孩子，他很快就熟悉了这里的学习和生活，融入了这个班集体。

没想到，半学期刚过，杨念便不愿意与徐山同桌了。这是什么原因呢？

经过暗中观察与调查，我找到了原因：原来，因为徐山的出色，杨念产生了强烈的嫉妒心，并且到了无法容忍徐山坐在自己身边的程度，闹得两个孩子都很不开心。

唉，嫉妒之心，于人于己，都是有害的啊。

心灵交流

亲爱的孩子：

请允许我把我的好消息与你分享：在全国书画大赛中，我荣获国画类二等奖。我是与我的同事卢老师一起获奖的，他获得了一等奖。今天中午，我和卢老师还在一起分享成功，我们举起酒杯，相互祝贺，相互祝福。

孩子，你想听一听我们这次获奖背后的故事吗？

我是个绘画爱好者，自从我的老师把我引上绘画道路的那一天起，我便利用休息时间，让七彩的画笔，在纸上勾勒出生活的美丽。多年以前，我一直都是一个人画，一个人沉浸在绘画的世界里，还总是孤芳自赏，自认为画得还不错。事实上，我一直是学校里绘画技术最高的老师。

还记得两年前的一天，卢老师调到了我们学校，在一次学校举办的教师书画展中，我才发现，卢老师画得比我还好。开始的几天，我心里很不是滋味，总觉得他抢了我的风头，总觉得自己仿佛无形中多了一个敌人。经过一段时间的了解，我明显地感觉到，自己的绘画水平的确不如卢老师，嫉妒之情也时常从心中涌起。有一次，我还差一点抑制不住内心强烈的嫉妒，想要在他拿出来参展的画上，抹上一笔败笔。

直到有一天，我在杂志上读到了这样一句话："成功者往往能够消灭嫉妒，把那个比他强的人当成朋友。"我仔细地品味着这句话里蕴含着的哲理，不就是告诉我，不要嫉妒那些比自己强大的人，而应该把他们当成自己的朋友，和他一起努力、一起进步吗？

于是，我主动接近卢老师，和他成为了好朋友。我们经常在一起谈论绘画，经常一起点评对方的画，指出成功与不足，提出改进的方法。好多次，我都在卢老师的点拨之下，悟出了一些绘画中巧妙的技法。

在参加这次比赛前夕，我们每一次碰面，都要拿出自己的画，让对方提意见。看到对方的进步，我们的眼里，有的只是欣喜与祝贺，而没有嫉妒。终于，我们都突破了自己已有的成绩，在这次全国性的绘画大赛中，获得了自己前所未有的成绩。

中午，我和卢老师举杯庆祝的时候，我说："谢谢你平时给我的点拨，我很庆幸有一个比我强的朋友。"没想到他也说："我也非常谢谢你！如果没有你和我一起练习，这次比赛，我最多只能拿个二等奖。"

是啊，如果我们相互嫉妒，相互伤害，我们会有这样大的进步吗？一定没有。

孩子，你是一个很优秀的孩子，不但成绩优秀，还有很强的组织能力。但是，学无止境，你还需要学习的东西还很多。你除了可以在课堂上和书本中学到许知识，你还可以向你身边的人学习。孔子说："三人行，必有我师……择其善者而从之……见贤思齐焉……"

你的同桌徐山也是一个品学兼优的孩子，他读了许多书，写得一手漂亮文章，这是好多同学都羡慕的。孩子，你还记得那次语文课吗？我让你们说出写"月"的诗句，徐山一口气说了十几句出来，让好多同学都瞠目结舌。由此可见，徐山平时积累的诗词曲赋是很多的。你可以利用课余时间向他请教啊，这样，你也能积累许多诗词曲赋，用于写作中，是很好的写作素材。徐山的文章，是很多同学都不能及的，他不但能灵活运用多种表达方式，还经常出现一些新颖的构思与立意，在结构上，也时常有意想不到的巧妙之处。这些，都是你可以向他学习的。

孩子，我们要善于低下头来，好好地剖析自己，找到自己的不足。与此同时，我们也要发现别人的优点，承认别人的优点，并取长补短，完善自我。

孩子，你有这样一位优秀的同桌，你怎么不感到高兴呢？你的身边有这样一个值得你学习的人，有这样一个可以激励你进步的人，你还有什么不高兴的呢？

我们的一生中，总要遇到比我们优秀的人。在这些人面前，我们既不能自卑，也不能产生嫉妒心。西班牙作家塞万提斯说过:"嫉妒者总是用望远镜观察一切。在这望远镜中,小物体变大,矮个子变巨人,疑点变成事实。"我们不能奢望别人停下来等我们,更不能用不光彩的手段去让别人止步。我们要以乐观的心态去面对这些优秀的人,要在竞争中不断地进步。在这样的竞争中,哪怕我们永远是第二名,我们也乐在其中。"

爱你的老师
2010年12月6日

寄语孩子

※当你的身边出现一个比你强的人的时候,你要告诉自己,这是一件好事情。因为,这个人的出现,会让你更加努力,让你变得更加出色。

※当你发现自己产生了嫉妒心的时候,要努力发现自己的优点,对自己说:我也很棒。有时候,别人的特长,是你无法通过学习而拥有,这种时候,你应该调整好心态,正确面对。

※在你嫉妒别人的时候,可以转移注意力,做一些有意义的事情来克服嫉妒心理。如:出去郊游、看书、听音乐等。

※你之所以嫉妒别人,是因为别人比你强。如果你一味地嫉妒别人,而不努力学习,结果只能是别人在前进,而你则原地踏步,最终落后。所以,你应该向你身边的人学习,让自己不断完善。

※努力做一个胸襟宽广的人,让自己走出嫉妒的阴影。

寄语父母

※关注孩子的情绪倾向，不难发现孩子的嫉妒心理。当孩子出现烦躁、焦虑、情绪低落等情绪状态，或者经常说某个人的坏话的时候，您就要想一想，孩子是不是有嫉妒心理产生。

※对孩子产生嫉妒心理表示理解。不要因为孩子产生了嫉妒心理，便责怪他小心眼，更不能用难听的话骂他，说他自己不如别人还嫉妒别人。您应该理解孩子的这一情绪，并帮助孩子分析产生嫉妒的原因。

※当孩子因产生了嫉妒心理而自责的时候，您要告诉他：这是一种很正常的心理，大人也会产生这种心理。这样，更有利于孩子消除嫉妒心理，而不至于因过度自责，嫉妒越来越深。

※帮助孩子发现自身的长处，建立自信心，是消除嫉妒心理的有效方式。通常，自卑的孩子很容易产生嫉妒心理，因为他认为自己事事处处都不如别人。如果孩子有足够的自信，便不容易产生嫉妒心理。

※不要总是拿自己的孩子和别人得小孩相比。您若是老爱拿自己的孩子和别人的小孩比，总是说别人的小孩优点多，比自己的孩子好，孩子就很容易产生嫉妒心理。

孩子，请把心门打开，让阳光进来。当第一缕阳光照进你的心田的时候，你会感受到，有一股暖流，缓缓地流过你的心间，你的心情会随之舒畅，你的脸上，会开出灿烂的鲜花。

微笑着面对生活

个案展示

学校进行了班级调整，有十来个新生进入了我的班级，我特别关注他们的学习和生活。

不到两周，孩子们便给新来的菁菁取了个绰号——林黛玉。众所周知，《红楼梦》里的林黛玉是一个多愁善感的人，经常为了一点小事愁眉紧锁，甚至哭哭啼啼，一连几天都会不开心。

一个周末，我到菁菁家家访。我并未告诉菁菁我是特意来家访的，我的借口是，正好路过这里，进来看看你。菁菁太敏感，我害怕又拨动了她哪根情感的琴弦，让她好几天不开心。

菁菁的家境不怎么好，父母都是下岗工人，爸爸在一个建筑工地上打工，妈妈暂时还没有找到合适的工作。生活虽然清贫了些，但从交谈中看得出，菁菁依旧是爸爸妈妈的掌上明珠。家境的清贫或许也让菁菁在心理上有负担，这可能也是造成她多愁善感的原因之一。

心灵交流

亲爱的孩子：

为什么忧伤总是写在你的脸上？为什么你的眼里没有微笑的色彩？孩子，你仔细看看这个世界，其实，阳光一直照耀着我们，温暖着我们。

孩子，请把心门打开，让阳光进来。当第一缕阳光照进你的心田的时候，你会感受到，有一股暖流，缓缓地流过你的心间，你的心情会随之舒畅，你的脸上，会开出灿烂的鲜花。

孩子，生活中，我们总会遇到许许多多困难与挫折，这些困难与挫折有可能会压得我们喘不过气来。但这种时候，我们更需要微笑。

微笑，是战胜困难的武器。成绩考差了，你笑一笑，再翻开书本，快乐地投入学习之中，为下一轮考试做好准备。比赛失败了，你笑一笑，分析失败的原因，吸取教训，再一次投入紧张的奋斗中，为下一轮比赛积累经验。参加选举落选了，你笑一笑，然后坐下来，进行自我剖析，寻找落选原因，争取在以后的学习生活中，让自己做得更完美……成绩考差了，比赛失败了，在选举中落选了，都算是人生中遇到的一些困难与挫折，如果你一味地悲伤，一味地气馁，一味地颓废，你的学习生活将会变得一团糟，你很有可能就此走向黑暗的深渊而不能自拔。

笑一笑，是多么的重要啊。

小时候，我的家境十分贫寒，经常是吃了这顿，不知道下一顿吃什么。早上，我经常是吃不上饭就去上学。周末，我总会脱下身上那套补丁比较少的衣服，洗干净晾好，准备星期一再穿着去上学。因为家庭经济拮据，我根本不可能像别的同学一样，拥有自己的零花钱，可以随心所欲地买自己想要的东西。但是，我并不感到悲伤。我正视家庭经济拮据的现实，我正视自己不可能拥有零花钱和随心所欲地买东西的现实，我一样能够微笑着面对生活。因为，我坚信，只要通过努力，我一定会改变自己的生活。很多时候，我还告诉自己：我能拥有的东西，除了亲情友情，已经很少了，为什么不能再多给自己一些微笑，让自己过得快乐一些呢？所以，在老师和同学们的眼里，我是快乐的。

当然，我们每个人都有笑不出来的时候，因为有些困难与挫折，不是那么容易战胜的，比如：一些重大的打击，一些错误的决定和失败的选择，一些无法挽回的损失……这些，都足以把我们打入绝望的深渊。但是，孩子，请你记住：微笑是一剂强心针，它会让我们在最困难、最绝望的时候，勇敢地站起来。当我们遭遇重大打击与变故的时候，我们一定要静下心来，给自己微笑，调适自己的心情，让微笑伴着我们，走出人生的低谷。

还记得有这样一个例子：泰国有个拥有亿万资产的商人施利华，在1997年的金融危机中破产了，可是，他去微笑着说："好啊，我又可以从头再来了。"如此的生活态度，足以让他成为商界的一代风云人物。

微笑，不仅能调适自己的心境，战胜生活中的困难，走出人生的低谷，还能成为人与人之间沟通的桥梁。

在人与人之间沟通中，微笑有着不可估量的作用。当你做错了事情，让对方生气了，你报以微笑，他便不再好冲你发火，至少可以减轻他发火的程度。当你遇到困难，需要别人帮助，却又羞于启齿时，你可以报以微笑，对方会明白你的意思，而伸出援助之手。当别人遭遇困难与挫折，灰心失意时，你报以微笑，别人会感受到你的鼓励，会在你的鼓励中走出悲伤的低谷。

亲人之间需要用微笑来传递亲情，朋友之间需要用微笑来传递友谊，陌生人之间需要用微笑来拉近距离。工作中需要用微笑来调节紧张的气氛，学习时需要用微笑来增加动力，休闲时需要微笑来增加情趣。

微笑，是人生中的一笔宝贵财富。

曾给有人说："微笑，是我工作中最大的资产。"是啊，一位公司的老总，如果有了微笑，他的职工们会更愿意努力工作，为他创造出更多的财富。一位老师，如果有了微笑，他的学生会更愿意与他亲近，会更愿意遵守纪律，会更努力学习。一位母亲，如果有了微笑，她的孩子会更加幸福……

微笑，是幸福的代名词，是快乐的代言人，是温暖的别称。微笑，是困难的敌人，是挫折的对手，是坚强的好帮手。孩子，人在旅途，有阳光也有风雨，还有坎坎坷坷，但是，上帝对我们是公平的，因为他把微笑给了我们每一个人，只不过，有些人不愿意把微笑写进自己的生命历程而已。孩子，微笑着面对生活吧，让微笑之花，美丽地绽放在你的生命旅程里。

爱你的老师

2011年2月26日

寄语孩子

※当困难与挫折来临时，不要用放大镜去看它们，而是要把它们当做人生路上的一颗小石头，相信自己，微笑着，便能迈过这道坎儿。

※遇到令人生气的事的时候，要尽量做到心平气和，不要让自己的情绪任意宣泄。对着镜子笑一笑，你会发现，你心里的气，就平消了许多。

※尽量忘记那些烦恼，心里多想一些开心的事情，这样，你会笑得更开心，你的生活会因此而更加快乐。

※当你心情不好的时候，出去走一走吧，到大自然中去体验一下生活的美丽，去放松一下自己的心情。微笑，会悄悄地来到你的脸上。

※再大的困难与挫折，都不足以让我们停下前进的脚步。这些困难与挫折，不过是生活中的一个音符，因为它们，我们的生活更有意义。所以，我们更应该微笑着面对生活中的困难与挫折。

寄语父母

※首先,为人父母者,必须要做到微笑着面对生活。身教重于言传,父母在遇到困难与挫折时,一定要微笑着面对,您的微笑会感染孩子,让他们也学会微笑着面对生活。

※在人际交往中,父母要尽量做到微笑着面对他人,微笑着面对自己的孩子,用欣赏的眼光看待孩子,让孩子在微笑的氛围中成长。

※当孩子遇到困难与挫折时,父母不要努力寻找他的错误,责怪他,甚至辱骂他,而是应该积极地鼓励他,一起寻找解决办法,一起微笑着战胜困难。

※在日常生活中,随时提醒家人,把微笑挂在脸上。

孩子，心情不好的时候，一定不要躲在黑暗的地方，那样，你的心会像角落一样，暗无光泽。你要走出去，到阳光里去，到风中去，到花香中去，到鸟鸣中去，沐浴生活的阳光，让心田一点一点亮堂。

尖叫，也是一种释放

个案展示

晚自习后，学生回宿舍去了，他们在忙着洗漱的同时，总忘不了唱几句歌，说几句笑话，甚至讲几个今天班上发生的故事。眼看熄灯时间要到了，我也朝着学生宿舍走去，想督促一下孩子们加快动作，早一些休息。同时也监督一下那些喜欢在熄灯后偷着看书、做作业、听歌的孩子们。

来到女生宿舍，发现少了一个孩子。

"桂香又到哪里去了？"我问。

"老师，她又在阳台上吹风呢。"一个孩子对我说。

我看到在楼道的最末端，连灯光也不容易照到的角落里，桂香就站在那里。

我走到她的身后，轻轻地说："桂香，该休息了，快要熄灯了。"

桂香咬着嘴唇，望着远方，不说话……

桂香是从一所偏僻的初级中学转学到这里来的，与这所市重点中学里的许多孩子相比，她的成绩、她的穿着、她的言谈举止……好多方面都有差距。这种心态让她在心理上产生了很大的压力，自卑心理也逐步形成。她一方面调整不好自己的心态，一方面不能正确释放心底的压力，所以，变得越来越内向。

心灵交流

亲爱的孩子：

连灯光也照不到的阳台一角，不应该是你思考问题的地方。那是一个阴暗的角落，它只会让你的心情越来越糟。

孩子，在此，我有一个请求，希望能得到你的同意：我们选择一个风和日丽的天气，到外面去晒晒太阳，吹吹风，赏赏野花，听听鸟鸣。当温暖的阳光洒在我们身上的时候，它能够一直暖进我们的心田。当风儿吹过我们的面颊，它能带走我们眼上的泪痕。当野花的芬芳沁入我们的心脾，它能让我们感觉浑身轻松。当鸟儿的鸣叫声传入我们的耳朵，我们会感觉到生活像歌声一样甜美。

孩子，心情不好的时候，一定不要躲在黑暗的地方，那样，你的心会像角落一样暗无光泽。你要走出去，到阳光里去，到风中去，到花香中去，到鸟鸣中去，沐浴生活的阳光，让心田一点一点亮堂。

孩子，你刚从一所偏僻的乡村初中转学而来，就知识面而言，你平常读的书可能没有这里的孩子多，你平常见识的题型也没有这里的孩子宽泛，所以，你的成绩在这里不算冒尖。但是，你是一个很有上进心的孩子，我相信，只要你愿意努力，就一定能取得好成绩。

我们班上，有许多品学兼优的同学，你可以锁定一个或几个目标，把他们当成追赶的对象，有意识地向他们看齐，甚至争取超过他们。这样，你在学习上会更有动力，也可以分散一些注意力，不再过多地想那些令你心理不平衡的事情。

你是一个很朴素的孩子，也不乱花钱，这一点是我们班上很多同学都不能及的。有位名人说得好，一个人的出身，并不能决定这个人的命运。你是在小山村长大的孩子，拮据的家庭经济，造就了勤劳朴素的你。学生时代，就应该朴素。饭菜，能吃饱、够成长所需要的营养就行。零花钱，够买学习与生活的必需品就行，没有必要铺张浪费，去和别人攀比，看谁的零花钱多。穿着，朴素干净就行，没有必要穿名牌服装，更没有必要追赶潮流与时尚。孩子，勤俭与朴素才应该是我们的本性，而奢侈与攀比只会让我们的心理越来越不平衡。

也许你会说，乡下孩子与城里孩子就是有差别，乡下孩子就是要低人一等。孩子，正因为你有这种想法，所以，你在同学们面前表现得有一点自卑，你会觉得自己说的每一句话，做的每一件事，同学们都会取笑你。其实不是这样的。孩子，优秀是没有城乡差异的。一个人是否优秀，不能只看他吃什么、穿什么、用什么，而应该看他做什么、学什么、讲什么。不管是城里的孩子,还是乡下的孩子,只要他愿意努力、愿意拼搏,他都能做得很优秀。孩子,如果你放下思想包袱,努力学习,你也可以很优秀。

孩子,我知道,从开学到现在这段时间里,你内心积压的东西太多太多。你有太多的话想说,你有太多的委屈想倾诉,你有太多的不平想发泄……孩子,我提议,选一个没有人的地方,你放声地说、放声地哭,甚至可以放声地尖叫。

也许你会说,尖叫?我不成了疯子了吗?不是这样的,请你听我讲一个小故事:

> 三年前,我所带的班里,也有一个从乡村转学来的女孩。她刚到的第一天,班上就有一个男生叫她"村姑",还有几个男生不怀好意地唱起了歌:"村里有个姑娘叫小芳,长得好看又善良,一双美丽的大眼睛,辫子粗又长……"
>
> 女孩的脚上,穿着一双白底蓝花的浅口布鞋。几个男生又拿她的布鞋取笑。
>
> "你这双布鞋,是李宁公司的新产品吧?如果给竞走运动员穿上,一定轻取奥运冠军。"
>
> "哈哈哈,这布鞋,估计不会那样耐磨吧?我担心走不到一半的路程,就豁口了。"
>
> ……
>
> 有一天,轮到女孩做清洁,她看着垃圾桶中那筒启

了盖、但还没有泡过的方便面，思绪万千，她想到了老家还有好多与她一样的孩子，还没有吃过这样的方便面……

"哈哈，看上那筒方便面了吧？捡回去，泡来吃吧，那肯定是你从来没有尝过的美味！"不知道什么时候，一个调皮的男孩来到了女孩的身后，他大声地说："如果你愿意天天倒垃圾的话，你天天都会有收获，说不定，你还可以带着这些东西，回你的老家去开一个食品超市，肯定很快就能变成富婆……哈哈哈。"

在月考中，女孩的成绩在班上也只能算中等，她想要借用同桌的教辅资料来一读，同桌却要她付10元一天……

女孩很苦闷，在内心压力大得无法平静的情况下，她选择了尖叫：在雨中尖叫，在宿舍后面的窗口对着外面尖叫，找一个没有人的地方尖叫……

后来，女孩在日记中写道：尖叫，是我释放心理压力的一种方式，是我进行自我调适的最佳方式。我尖叫，我快乐。

孩子，尖叫，是一种释放。
我相信你，也能找到释放内心情感的最佳方式。

爱你的老师
2011年2月28日

寄语孩子

※到了新的学习环境里,你要振作起来,振奋精神,振作斗志,要学会以崭新的精神面貌去适应新的学习环境,适应新环境中的人和事,适应新环境中的学习氛围,适应新环境中的竞争节奏。

※如果你在新的环境中感到紧张,请你放松自己的心情,让自己愉快地学习。放松心情的方式很多,比如:读几本自己喜欢的书,试着和同学交流,多参加集体活动,试着和身边的同学交朋友,等等。

※多与老师、同学交流,让他们认识你、了解你,以便更好地与你沟通,这样就能减少许多误会与隔阂。

※随时随地都要注意自己的言行,并且要寻找合适的机会,展示自己的长处,这样就能树立你在老师和同学们心中的重要地位。当然,也不可因为自己有长处便趾高气扬、不可一世。

寄语父母

※孩子在步入新的学习环境之前,作为家长,您可以先了解一下新的学校,在孩子未进入新的学校之前,把学校的一些情况讲给孩子听,比如:校园有多么美丽,学校里有哪些优秀教师,开设了哪些兴趣小组,等等,让孩子在未进校园之前就有心理准备。

※在孩子刚入学的前几周,要多关注孩子在学校里的学习和生活情况,要么去学校看看孩子,要么打电话询问一下孩子在学校里的情况。这样,不但可以缓解孩子在新环境中的紧张心理,

还可以让孩子感受到您的关心,他(她)真有了心事,也有一个可以倾诉的对象。

※多和孩子的老师交流,了解孩子的近况。因为老师也孩子朝夕相处,会了解一些孩子不愿意与你交流的事情,这样更有利于你和孩子沟通。

※在新的环境中,当孩子遇上困难时,您要多给孩子以帮助和鼓励。当孩子因遇到挫折而伤心时,您不能一味责备孩子,而是应该和孩子一起分析原因,找到解决问题的方法。

※多和孩子谈心,可以是面对面的谈心,也可以采用书信的形式谈心,在情感上为孩子撑起一方晴空,让孩子在新的学习环境中,乐观、自信、坚强、勇敢!

孩子，为了控制体重而选择素食，这对于身体正处于发育高峰而需要补充适量脂肪和蛋白质的青少年来说，并不是一种健康的饮食方式。

健康才是美

个案展示

"老师，林飞晕倒了！"我正在办公室批改作业，一个学生气喘吁吁地跑来告诉我，"已经送到医务室了。"

我赶紧跑到医务室。

林飞苏醒过来了，我决定把她送到医院检查一下，看究竟是什么原因造成的。

"我不去！"林飞的口气很坚决。

"病了就要去医院看医生，身体最要紧啊！你看你，近段时间瘦了很多。"

我对林飞说，"找到了病因，才能对症下药。"

可是，林飞却坚持说自己没有病，更不愿意去医院。

离开医务室，一个孩子悄悄告诉我："老师，林飞在减肥呢，刚见了点成效，您让她去医院，她肯定不会去的。说不定医生开了补药，她吃了就又长肉了……告诉您一个小秘密，林飞正在凑钱，准备买减肥药呢……"

真是奇怪，林飞并不胖呀？为什么还要减肥呢？现在的女孩子，爱美都爱到极致了。

第二天，林飞的外婆跑来告诉我："老师啊，飞儿现在学习任务这样繁重，可她偏偏还这不吃那不吃的，专拣素菜吃，还吃得很少很少。我给她炖的鸡汤，她像是怕我害她一样，一口也不尝，这可怎么办啊？"

我陷入了深思：减肥，就那么重要吗？

心灵交流

亲爱的孩子：

首先，我要告诉你一件让我感到非常幸福的事情：

今天是周末，我们一家去爬山，一路上，听风儿歌唱，看白云流浪，感受着大自然的美好。回到家里，我拴着围裙下了厨房，做了老公喜欢吃的红烧肉，做了女儿喜欢吃的鱼香肉丝，做了自己喜欢吃的三鲜排骨汤……晚餐的时候，点亮几支蜡烛，开始了温馨的烛光晚餐。

孩子，今天，你在家里都做了些什么呢？可以告诉我吗？

其实，我猜到了几分，但不知道我猜得对不对。你可能在家里查找资料，看看有没有更好的减肥方法；你可能在家里和爸爸妈妈闹革命，不愿意吃他们做的有营养的东西；你可能在千方百计地说服爸爸妈妈，让他们同意你继续减肥；你可能还在和好朋友讲述你的减肥心得……

其实，这些我都可以理解。哪个少男少女不爱美呢？现在，正是你花一样的年龄，诗一样的季节，希望自己美一点，是很正常的事情。

可是，孩子，难道越瘦就越美吗？

我知道，好些日子以来，你都是专拣素菜吃。可是，孩子，你的身体正处于发育时期，再加上紧张的学习，所以，你需要很多营养，如果你只吃素菜，就不能维持身体正常发育的需要。如果身体不好，肯定会影响你的学习。

健康专家研究表明：青少年素食者，很容易导致饮食紊乱，从而引起暴饮暴食，不仅影响肠胃功能，还会加剧肥胖的产生。

孩子，为了控制体重而选择素食，这对于身体正处于发育高峰而需要补充适量脂肪和蛋白质的青少年来说，并不是一种健康的饮食方式。

也许你会说，电视上不是有许多减肥广告吗？成人都可以减肥，我为什么不可以减肥？

孩子，体重超标的人，肯定需要减肥。可是，你并不是一个肥胖的人啊，为什么要那样想方设法去减肥呢？盲目地减肥，对身体的危害是很大的。在你这个年龄，过度地控制体重，其实就是在人为地抑制自己的生长，这是很危险的。当一个人太瘦了，甚至瘦到病态，就可能面临以下几个方面的危险：

第一，影响身体的正常发育，甚至影响到你的身高。孩子，你不愿意让自己长成一个又矮又瘦的女孩吧？

第二，疾病会随之而来。因为营养不够，所以身体的抵抗力变弱，各种病菌便会趁机入侵你的身体。孩子，你不愿意成为一个人见人怜的病西施吧？如果那样，你还能学习吗？你还能工作吗？就连正常的生活秩序都要被打乱了。

第三，影响成人后的生育。一个女孩，如果又矮又瘦小，将可能会影响她下一代的身体发育，甚至影响到下一代智能的发育。所以，我们的身体并不是越瘦越好，一定要保持在健康的体重范围内。

孩子，就算你的体重超标了，通过节食减肥的方式也不可取，通过吃减肥药来减肥的方式更不可取。

目前市场上的减肥药，多数都是作用于人的神经中枢，以达到抑制人的食欲的作用。这些药物，多含有对我们的生长发育有危害的激素，对处于生长发育段的青少年都是不适宜的。青少年吃了这些减肥药，不但会损伤我们的神经系统，还会影响我们的肠胃对营养物质的吸收，长期下去，会让我们的身体受到极大的伤害。

我的邻居家有一个小男孩，因为特别喜欢吃肯德基等快餐食品，身体肥胖得厉害。小男孩的父母便开始对小男孩子进行紧张的减肥计划：先是节食，结果弄得小男孩饭量剧增；然后晚餐只吃水果和喝白开水，结果弄得小男孩经常半夜起来到厨房里找东西吃；最后开始用减肥药，这样做的确有效，体重减轻了不少，但是，小男孩的身体却越来越差，在上学的路上，晕倒过好几次……

孩子，用吃减肥药的方式来减肥，更是不可取啊。

对青少年学生来说，最佳的减肥方式就是：

第一，适当控制食量。这里所说的"适当"二字，就是不要让自己只吃素食和一天只吃一顿饭。"适当控制食量"指的是，每一餐不要吃得过饱，不要吃太多的高脂肪食物，晚上睡前最好不要吃东西。

第二，加强锻炼。每天进行20到30分钟的运动，如跑步、打球、做操、跳舞等，都是减肥的好办法。

孩子，其实在我看来，你已经很瘦了，你已经不需要任何减肥行动了。也许，你会说，某某歌星和我一样高，但她的体重却比我少许多呢。孩子，健康是我们自己的，我们为什么非要和歌星、影星比体重呢？对于歌星、影星，我们可以学习他们的长处，学习他们对艺术的不懈追求，学习他们正确的为人处世之道，绝不可在体重上去追求他们所具有的所谓的"骨感"。这样，就不会给自己的身体带来伤害。

孩子，奶奶炖的鸡汤很好喝，里面有你生长发育所需要的丰富的营养，你喝一碗吧，好吗？

爱你的老师

2011年3月5日

寄语孩子

※树立正确的审美观：健康才是美，并非越瘦就越美。当一个人连健康都没有的时候，他是不美的。一个疾病缠身的人，更谈不上美。

※你正处于身体发育和增长知识的高峰期，健康的身体，才是你身体各部分器官正常发育的前提，你才有充沛的精力来学习。如果体质过差，不但影响你的身体正常发育，还会影响你的学习成绩。

※远离油炸食物，它们所含的高热量，不但能让你肥胖，还是你健康的特级杀手。远离各类饮料，用白开水替代它们。平常，应该多吃蒸、煮的食物。

※如果你真的过于肥胖，你也要采用健康的减肥方式，切不可盲目地采用素食、过度节食、吃减肥药等方式来减肥。你要以健康的心态，正视自己的肥胖，再加上健康的减肥方式，坚持下去，你就一定会成功。

寄语父母

※培养孩子树立健康的审美观，让他们知道健康才是真正的美。家长要以身作则，如果您也是一个太注重减肥的人，孩子就可能会仿效您了。

※如果您的孩子过于肥胖，请您先做好孩子的心理疏通工作，不要让他把肥胖当成一种心理负担。作为家长，更不能因为

孩子太肥胖而抱怨，甚至嫌弃他不够美丽。

※给孩子制订健康的减肥计划，帮助孩子渡过难关。比如：早上带着孩子一起跑步，一日三餐帮助孩子注意饮食，晚饭后出去散步，一起练瑜伽，一起跳绳等等。

花季，是人生最美的时节。这个时节，你能交到许多真心的朋友，为以后的生活打下基础；这个时节，你有充沛的精力来学习知识，增长技能；这个时节，你能学到许多为人处世的道理，丰富人生的阅历……孩子，遇上任何困难，都不要以自己的生命作为赌注，这样，你会输得一无所有。

不要以生命为赌注

个案展示

这是一个令人伤感的夜晚。天亮了，我才拖着疲惫的身子回到家，我的喉咙哽咽得难受，我的心沉甸甸的……

那个性格虽然内向，但一向很乖巧的女孩子丽丽，昨天晚上，在宿舍的卫生间里，吞下了一瓶安眠药。幸亏与她同室的孩子发现得早，及时报告给住在宿舍大楼里的生活指导老师，我和生活指导老师赶紧把她送到了医院，同时通知了丽丽的在远方打工的爸爸妈妈。

关于丽丽自杀的原因，在这样的当口上，我不可能问丽丽。丽丽的同桌对我说："老师，几天前，丽丽给她爸爸妈妈打电话，让他们回家过春节，可能她的爸爸妈妈说不回来吧，丽丽便在电话里说：'我会想办法让你们回来的。'"

丽丽的爸爸妈妈为了给丽丽提供好的学习条件，一直在外地打工挣钱，很少回家，难道丽丽是在用自杀的方式让自己的爸爸妈妈回家？

怀着沉重的心情，我开始批阅孩子们交上来的周记本。我在丽丽的周记本上发现了这样一段话："爸爸妈妈，你们已经两年没有回家了，难道挣钱就比我重要吗？难道真的要我以死来迫使你们回家吗？……"

提起笔，我真不知道该在丽丽的周记本上写点什么才好，三五句话，难以把我所要说的表达清楚啊。

心灵交流

亲爱的孩子：

在给你写这封面之前，我翻看了几本相册。其中有一本相册，放的是我的爸爸妈妈在外打工的照片：

有一张拍的是妈妈在操作间里打磨戒指的情形。那时的妈妈，做得那样专注，她的脸上，还挂着笑容。仔细一看，妈妈的头上，已经长出了一些白发。是啊，掐指一算，那是1995年的事了，那时候，妈妈已经四十来岁，我也已经走上了三尺讲台。

孩子，也许你会问："老师，您已经工作了，您的爸爸妈妈为什么还要外出打工呢？"

我读师范学校的时候，爸爸在外打工挣钱，为我交学费和生活费。我毕业后,妈妈也随着爸爸一起出去打工了。我也劝过他们,别再出去奔波了。可是他们总是说:"你刚参加工作,还有许多需要用钱的地方,你妹妹也还小,也需要钱。我们出去挣点钱,大家都轻松一些……"

我拗不过爸爸妈妈,只得由着他们在外打工挣钱。我理解爸爸妈妈的初衷,他们是勤劳的,任何时候都不可能停下来休息。他们这样做,不过是希望除了他们能生活得好一些外,还能减轻我的经济负担。于是,我尊重他们的选择,只是经常写信或打电话嘱咐他们:不要太累了,要多保重身体。

爸爸妈妈出去打工,最直接的目的就是:挣一些钱,为子女上学用,同时也补贴家用。

孩子,我想,你的爸爸妈妈出去打工,也是为了挣钱,让你读初中、考高中、上大学。你想想看,你的老家在山区,那里土地贫瘠,地里除了能种一些吃的稻谷、玉米和蔬菜等,用以维持最基本的生活以外,还能种什么呢?就算种出了经济作物,也会因为交通极不方便而无法销售出去。所以,为了这个家,你的爸爸妈妈出去打工挣钱,是不错的选择。

孩子,爸爸妈妈在外打工,是非常辛苦的。每个工厂都有严格的管理制度,那里不但有规定严格的作息时间,还要在规定的时间内做好具体的工作,绝不可以偷懒或做事毛手毛脚。还记得我妈妈曾经对我说过一件事:有个月,她做的戒指,有三分之一没有通过质量检验那一关,结果,工资被扣掉了一半。孩子,多体谅爸爸妈妈。

也许你会说："他们在外打工，也应该经常回来看我呀。"

孩子，我理解你的心情。哪个孩子不愿意守在爸爸妈妈的身边？哪个孩子不希望爸爸妈妈经常到学校来看望？哪怕他们空手而来，只送来一个笑脸，只送来一个拥抱，也会让你感到非常温暖。

可是，孩子，你想过吗？爸爸妈妈回家一趟，要花掉多少车费呀。与此同时，他们又不能做工，还要耽搁许多工作时间，这些损失，在他们看来，都不是小数目啊。也许，这个时候，他们正在盘算着："今年春节我们不回去了，省下一点钱，给孩子交学费，还可以给她买一些衣服和文具……"也许，他们正面临困境："如果回去了，再来的时候，可能就进不了这个工厂了，重新找工作，一来非常累，二来也不容易找到这样好的工厂……"

孩子，多为你爸爸妈妈想一想吧。

每个孩子都需要爸爸妈妈的疼爱，每个孩子都希望自己像一只小鸟一样，在爸爸妈妈宽厚的翅膀上，遮风避雨。

孩子，你已经开始长大，不能再像那些弟弟妹妹一样，整天投在爸爸妈妈的怀抱里。首先，你可以自己照顾自己。一个人，总是要独立的，总不能一辈子依赖爸爸妈妈。你要学会照顾自己，学会料理自己的生活，处理生活中的一些事情。如果你遇上自己处理不好的困难，你可以向老师和同学求助，我们都非常愿意帮助你。

花季，是人生最美的时节。这个时节，你能交到许多真心的朋友，为以后的生活打下基础；这个时节，你有充沛的精力来学习知识，增长技能；这个时节，你能学到许多为人处世的道理，丰富人生的阅历……孩子，遇上任何困难，都不要以自己的生命作为赌注，这样，你会输得一无所有。

敬畏生命！珍视生命！人类是宇宙中最为高级的生命形式，我们应该为我们在大自然中存在而感到自豪。一个想结束自己生命的人，是最自私的，因为，他自己逃避了，却把无尽的痛苦留给了亲人，留给了朋友，留给了所有关心着他的人。

孩子，如果你想爸爸妈妈了，就给他们打电话吧，也可以给他们写一封信，谈谈你的学习和生活，谈谈你的感受。我想，爸爸妈妈接到你的电话或信件，内心一定会感到非常的幸福。

爱你的老师
2011年3月10日

寄语孩子

※正确对待外出打工的爸爸妈妈，不要以为他们外出打工，把你放在家里，就是不喜欢你。每个孩子都是爸爸妈妈心中的宝贝，不管他们走多远，都会牵挂着你。

※理解亲人做每一件事情的缘由，不要总是以自己的方式去看待每一件事情。爸爸妈妈外出打工，是为了挣钱补贴家用，你应该理解他们这一做法，而不是一味的抱怨。

※学会用正确的方式和家人沟通。爸爸妈妈是这个世界上你最可亲近的人，有什么事，你可以直接和他们沟通，可以打电

话，可以写信，还可以请爷爷奶奶或外公外婆代以转答。

※永远不要放弃生命。任何困难都不足以让我们放弃生命。人的一生总会遇上各种各样的困难，只要我们坚强一些，多动脑子，总会找到解决困难的方法。

寄语父母

※"可怜天下父母心。"您所做的一切都是为了孩子，但是，您一定要让孩子明白您的苦心。您要明确地告诉孩子，您为什么要外出打工，所挣的钱基本是用于什么，要让孩子理解您的这一做法。

※您外出的时间如果过长，一定要定期给孩子打电话或写信，进行必要的沟通。孩子对父母都会有依赖心理，如果长时间不在身边，他们一定会特别想您。所以，你的工作再忙，也要抽时间和孩子沟通，哪怕只是几句简单的问候，也能让孩子感受到您对他的爱。

※教育孩子正确对待生命。告诉孩子：生命可贵，我们只能拥有一次生命，只有拥有健康的生命，我们才能实现自己的人生理想，做有益的事情。

孩子，不要轻言放弃学业。"花有重开日，人无再少年。"人生短暂，青春时光更短暂，你一定要抓住这短暂的青春时光，学知识、长技能、增见识，而不应该轻易就放弃学业。

花有重开日，人无再少年

个案展示

梨花已经一周没有来上课了。这是一个很乖巧、朴素的女孩，平时话不多，学习也很刻苦，老师和同学们都很喜欢她。她请了一周的病假，大家都很想念她。

新的一周到来了，可是，梨花还是没有来上学。与梨花同村的一个女孩告诉我："老师，梨花没有生病，我周末回去，还看见她割草呢。她说她不上学了。"

我怎么能够眼见着乖巧懂事的梨花辍学而不闻不问？我把下午的课调整好，请一个有摩托车的朋友，送我去梨花家。摩托车在崎岖的山路上左摇右晃地行走了好久，才到了梨花的家。梨花家的房间并不多，一进门的那间房里铺着床，床上放着三个小枕头，还睡着两个四五岁大小的小女孩。

梨花的奶奶抱着一个一岁多的小女孩，对我们说："随便坐吧,家里乱七八糟的……你们可以好好劝劝梨花啊,前些天,她冲着他爸吼:'你再生,生出来我给你弄死……'可怕啊……"

通过家访,我弄明白了情况:梨花是家里的大女儿,在她之后,她的妈妈又连续生了六个女儿,其中有三个已经让别人抱养了。梨花爸爸想要一个儿子,逼着梨花的妈妈一直生……

心灵交流

亲爱的孩子:

在我心目中,你是一个很乖巧很懂事的孩子,我一直把你当成自己的女儿看待。

孩子,你还记得吗?去年教师节,你采来一束野花,插在我的办公桌上,给我带来了多么大的惊喜与快乐!而你,就是那一束野花中的一朵,内秀、懂事、朴素、纯洁。刚入学那会儿,我是看着你带着行礼来的,所以,我也希望我能看着你毕业,再带着行李到高一级学校去就读。

老师恳请你,回到班级里来,我们欢迎你。

孩子,不要轻言放弃学业。"花有重开日,人无再少年。"人生短暂,青春时光更短暂,你一定要抓住这短暂的青春时光,学知识、长技能、增见识,而不应该轻易就放弃学业。

也许你会说:"家里都乱得不行了,我能不管吗?我能静下心来学习吗?我只有选择辍学了。"孩子,谁家能永远风平浪静?谁家会永远没有波折?常言道:"家家都有一本难念的经。"孩子，家里有一些令你头痛的事情，是很正常的。

　　孩子，你还小，关于家里的事情，如果你觉得无能为力，你可以不用管那么多。你现在的任务是，抓紧时间，好好学习。你的爸爸妈妈无视计划生育政策，再三超生子女，是他们愚昧无知的表现。据我所知，他们都是小学文化程度，也许他们并不知道超生子女给家庭和社会带来的危害。而你，是一名正在长知识、长本领的中学生，你应该好好学习，别再做像你爸爸妈妈那样愚昧无知的人。孩子，我相信，你的爸爸妈妈生再多的孩子，也是爱你的，他们一定也希望你好好读书，将来有出息。你一定不能因为家里的这些事，而放弃了学业。

　　你家超生子女一事，可能最大的责任在于你的爸爸。孩子，在适当的时候，你也可以劝说一下你的爸爸，告诉他：为了有计划地控制人口的增长，我国制定了一项基本国策——实行计划生育。国家提倡一对夫妇只生育一个孩子，提倡晚婚，晚育，优生，优育。也许，你的爸爸不能理解国家制定这项政策的目的，你也可以告诉他呀。

　　孩子，也许你的爸爸根本听不进去"一对夫妇只生育一个孩子，提倡晚婚，晚育，优生，优育"这样的话，但是，你可以用更形象的例子来说服他。在山区，的确也有一些像你们家这样的超生家庭存在，这样的家庭，如果不是有特别厚的经济底子，往往面临这些问题：经济拮据、父母对子女照顾不周、子女因经济困难而辍学，甚至还有一些超生子女因无人管教而走上歧路等，这些都是超生带来的后遗症。与此相反，如果家里只有一个孩子，如果不是遇上特殊情况，这个家足以为孩子提供好的学习、生活条件，家长也可以把足够的精力放在对孩子的教育上，孩子也基本能够健康成长。孩子，你可以把这些说给你的爸爸听。

孩子，说句心里话，我理解你的心情，你看着妈妈一个接一个地生，懂事的你，也肯定在为这个家担忧：哪有钱供妹妹们上学？妹妹们的教育谁来管？你和妹妹们的前途又将如何？孩子，前面我就说过，你很懂事，也许，很多时候，你都在为这个家着想。我也理解你的处境，你是家里的大女儿，许多重担，都会落在你的身上：承担家务事，照顾年老的奶奶和年幼的妹妹们，也许还要协调爸爸妈妈的矛盾……你肩上的担子很重，你的心理负担也同样重。孩子，能一路走到今天，你真的很了不起！

在这里，我必须对你说，你说过的"生出来我给你弄死"这句话，是不正确的。虽然你埋怨你的爸爸妈妈超生，虽然他们做得也的确不对，但是，如果他们真的生下一个妹妹或弟弟，我们也应该珍视这个小小的生命。你的爸爸妈妈违反计划生育政策，超生孩子，理应受到相应的处罚；只是，一方面山区有关部门对这方面的监管力度不够，另一方面可能你爸爸妈妈也没有能力接受相应的处罚。而你，若是伤害了一个新生儿的生命，你也会受到相应的法律制裁。孩子，你是一个知书达礼的人，切不可采取如此轻率的行动，把自己推到深渊里去啊。

孩子，你爸爸妈妈超生子女，不能成为你辍学的理由，回到学校里来吧。以后有时间了，找个合适的机会，再做一做爸爸妈妈的思想工作，让他们多了解政策，明白超生所带来的严重后果。

孩子，我时刻期待你的归来。

爱你的老师
2011年3月21日

寄语孩子

※孩子，父母超生，并不是你的错，你不能让这种阴影笼罩在你的身上。也不要认为周围的人们会看不起你，就算他们在背后议论你，你也不必理会，因为这样的错误并不是你犯下的。

※给你的爸爸妈妈讲一讲我国的计划生育政策，以及这项政策的重要性。绝对不能和爸爸妈妈大吵大闹，那样，会让你们之间产生鸿沟。

※你可以以你自身的行动来打动父母。你可以好好学习，好好地孝敬父母，好好地为他们分忧，让父母觉得，你是非常值得他们自豪的，让父母觉得，将来他们老了，你也会好好地赡养他们。

※你可以给爸爸妈妈算一笔经济账：一个孩子从出生到大学毕业，大概需要多少钱。你可以试着问他们，你们有这样的经济实力来抚养多个孩子吗？你还可以列举一些因为超生而无力抚养的例子给爸爸妈妈听。

寄语父母

※遵守国家的法律法规，是每个公民应尽的职责。计划生育

政策，关系着国计民生，所以，我们每个公民都应该遵守计划生育，做到一对夫妇只生一个孩子。如果您超生，您就违法了，会受到相应的法律制裁。

※您在超生之前，请先考虑一下：您要工作，您要挣钱养家，您还有多少精力来关心和教育这么多的孩子？如果您的孩子得不到很好的教育，他们的前途会怎么样？

※如果您把超生的子女寄养在别人家，甚至遗弃超生的子女，您将心比心，这样做对他们的伤害会有多大？这种伤口是一生都无法愈合的。

孩子，成熟是一件幸福的事情，真的，我祝福你们！我特别希望你们把对异性的那份朦胧的情感，化为进步的动力！我特别希望你能朝气蓬勃、健康快乐地长大！

成熟是一件幸福的事情

个案展示

"老师，我们班的于锋他简直变态！"一个女孩在周记本里这样写道，"他把我们班邓娜的长头发，夹在书中，空了就拿出来看……"

正巧，我翻开于锋的日记本的时候，看到他写道："……老师，我真不明白自己是不是变态，居然喜欢拿女生的东西：把女生的长头发夹进书里；从女生口袋里拿出来的纸巾，我觉得特别香……我还特别愿意为女生做事情，如果她们请我做事，我就是跑断腿，就是不吃饭，也愿意为她们做……老师，我该怎么办？"

周一，我本打算利用班会课时间，给孩子们讲一讲青春期的常识，可是，正当我在办公室整理资料的时候，班上那个最泼辣的女生气喘吁吁地跑进我的办公室，把两本书生生地摔在我的办公桌上，生气地说："老师，你看看，于锋简直变态，真是流氓！"摆在我面前的这两本书是:《男孩的身体》和《女孩的身体》。

这以后,于锋一直抬不起头来,班上的男孩子与女孩子的关系也紧张了起来。

晚上,我打开电子邮箱,准备写一封信,发到每个孩子的电子邮箱……

心灵交流

亲爱的孩子们:

此刻,我怀着无比激动的心情,给你们写信。也许你们会问:"老师,您激动什么呀?是我们班在什么活动中又取得好成绩了吗?"孩子,我激动的是,你们步入青春期了,你们长大了!

孩子,你们的身体发生了变化,你们不必慌张,更不必惊恐,这些都是正常的生理发育现象,你们要正确对待自己的身体变化。

男孩子进入青春期最显著的特征是长胡须、腋毛、阴毛,喉结变大及突起,声音变粗,出现遗精等。女孩子进入青春期最显著的特征是声音变得又尖又细,长腋毛、阴毛,乳房开始发育,月经初潮等。孩子们啊,这些都是正常的生理现象,我们每个人都要经过这样的人生历程,你们千万不要感到不可思议。

前几天,我的一个同事告诉我,她的女儿第一次月经来潮,她和老公给女儿买了礼物,还在家里准备了一顿丰盛的晚餐,一家人庆祝女儿从儿童成长为一个少女。

孩子，成长是一件多么令人自豪的事情啊！在这里，我也祝贺你们从儿童成长为少男或少女！我祝福你们顺利地走过自己的青春年华！

步入青春期了，你们的内心，或许不再平静，已经感觉自己不再像小学生那样单纯了，觉得自己的思想变得越来越复杂了，是吗？其实，你们所认为的"思想复杂"，并不是坏事情，更不表示你们的思想有问题。

前几天，我收到一个男生偷偷递给我的纸条，上面写着：

> 老师，我总是想和我的同桌在一起，如果离开了她，我觉得心里空荡荡的，我是不是特别无耻啊？

孩子们，也许你们会说，这个男生的想法，也正是我们的想法啊！是啊，德国诗人歌德曾经说过："青年男子，谁个不善钟情？妙龄少女，谁个不善怀春？"青春期的少男少女相互吸引，都有接近异性的渴望，这并不是什么见不得人的事情，更不能说是一件可耻的事情。只是，在这一阶段，你们要有正确的心态来对待这一心理现象。因为，你们现阶段的首要任务，是搞好学习，为以后步入社会、奉献社会打下坚实的基础，再加上你们都还小，心理和生理都不够成熟，还不能肩负起爱情与婚姻中的重任，如果过早地步入爱情，肯定会影响你们的学习，增加无谓的烦恼，所以，你们一定要慎重地对待青春期情感的萌芽，平稳地度过情感萌芽期。

面对身体的变化，面对情感上的波动，你们一定会产生或多或少的困惑，可能是脸上长满了青春痘而不知所措，可能是女生感觉乳房胀痛，可能是喜欢一个异性而不能自拔，可能是收到了一封异性写来的求爱信等等。这些困惑可能会困扰着你，影响你的学习和生活。不过，孩子们，这些困惑都不可怕。首先，你们要用正确的态度去面对这些困惑，不要把它们看成是见不得人的事情；其次，你们可以自己查找相关资料，找到解决问题的办法；再次，你们可以向父母或长辈求助，让他们帮你渡过难关。

孩子们，青春期里，你们一定对"性"充满了好奇，可能还总想要尝试一下。孩子们啊，这颗禁果，是绝对不能偷食的。曾经有两个学生，早恋后，偷食了禁果，结果女生怀孕了。女生不敢告诉父母，便自己跑到一个私人诊所去做了人流手术，却因为手术不当，造成这个女生终生不育。那个男生自然也后悔终生。孩子们啊，如果在青春期怀孕，会严重地影响你们的学习和今后的生活。

面对青春期的性冲动，你们应该培养自己良好的自制力，能够真正做到驾驭自己的情感，做自己情感的主人。青春期的性冲动，除了因为你们自身对异性的喜爱而产生，还有就是受外界的刺激而产生，如闲杂人员的性挑逗、不健康的读物、黄色网站、黄色信息等，它们都像毒品一样，试图拖你们下水。在这种时候，你们的意志一定要坚强，一定要控制住自己的感情，你们需要告诉自己："坚强的意志，良好的自制力，能成就明天的辉煌。"还可以借读书、写文章、参加体育运动等健康的方式来转移注意力。

　　步入青春期,标志着你们一步步走向成熟。孩子,成熟是一件幸福的事情,真的,我祝福你们!我特别希望你们把对异性的那份朦胧的情感,化为进步的动力!我特别希望你能朝气蓬勃、健康快乐地长大!

爱你的老师
2011年4月11日

寄语孩子

　　※多了解有关青春期的常识,正确认识自己的身体,不要因为身体的变化而困惑,影响自己的心情,甚至影响正常的学习和生活。要了解青春期的卫生常识,如女孩在月经期间应该如何注意卫生等,让自己健康成长。

　　※正确面对异性的示爱。首先,你们要控制自己的情感,在这人生中非常重要的学习阶段,不要不负责任地向别人示爱,你们没有能力承担这份爱。面对异性的示爱,你们要理性地回绝,绝对不能抱着试一试的心理去早恋。如果遇上不好处理的问题,可以向长辈求助。

　　※青春期要注意饮食,特别是女孩,千万不要因为要减肥而偏食、节食,这对身体发育非常不利。要多参加体育运用,促进骨骼的生长发育。

※女孩要学会保护自己，预防性侵害。衣着不要过露，夜晚不要独自外出，要避免单独与男子相处，不要随便吃陌生人给的东西，遇到危险不要束手无策，而应该大声呼救。如果遭到性侵害，应该及时告诉家人或信得过的人，及时调查取证，把犯罪分子捉拿归案。

寄语父母

※孩子步入了青春期，在身体和行动上都会有所变化，您不必太担心孩子的成长，也不能持漠不关心的态度。如果你过分关注孩子的成长，会让孩子感到压抑，加重孩子的心理负担。如果您漠视孩子的成长，便不能及时了解孩子的困惑，及时疏导孩子的心理障碍，让孩子走上歧路。

※青春期，也是孩子的逆反期。面对逆反期的孩子，要多与他们谈心，多关心询问孩子的学习与生活，对孩子的进步加以适当的赞美与表扬，和孩子建立起朋友关系。

※经常与老师联系，了解孩子在学校的学习和生活。

※抽时间带孩子参加一些有益的活动，如郊游、打篮球、游泳等，让孩子过得更充实，转移孩子的注意力，以达到减少青春期性冲动频频产生的目的。

孩子，大自然赐予了我们生命，我们是大自然的中最高贵的精灵，我们没有理由不爱自己，没有理由不爱我们身边的每一个人。

活着就是一种幸福

个案展示

周末，我习惯性地打开电子邮箱，想看看又有哪些孩子给我写了信。孩子们的信，都是我的珍宝，哪怕只有几个字、几句话，我都非常珍惜。

一封主题为"老师，我走了"的邮件，让我的心跳加速，我赶紧点开了它：

> 老师，我本想什么也不留下，便离开这个世界。但是，您对我太好了，如果我不和您说几句，便离开了这个世界，您一定会责怪我不懂事，因为，您是那样的关心我。
>
> 老师，我有这个念头，已经不是一天两天的事了。这段时间，我一直在思考一个问题：我活着有什么用？这个世界若是没有了我，会有什么变化？我想了许多许

多。我的学习成绩一般，就算我走了，对班级也不会什么影响。我没有什么突出的表现，也没能给爸爸妈妈争光，所以，我走了，他们也不会太在意。

也许，你要问我，为什么要离开这个世界呢？因为，我感受不到生活的快乐，我也没有前进的目标，我觉得自己活得太累太累，真的……

老师，也许，当你看到这封信的时候，我已经离开这个世界……

所幸的是，这个叫钢子的男孩子，刚把邮件发送出来，就被我收到了。当我赶到钢子的家里的时候，他正骑着单车，准备往长江边上去……

心灵交流

亲爱的孩子：

我们都很幸福，真的。我们都有爱我们的父母，我们都有一个温暖的家。

孩子，能够活着，就是一种幸福。

还记得那是2006年5月9日，我在下课回家横穿马路的时候，被一辆小车亲狠狠地"吻"了一下，于是，我进了市医院的急救室，在重症监护室里躺了两天三夜。那两天三夜里，我看到无数的重症病人被抬进来，有的病情好转出去了，有的是再一次被抬进急救室，有的可能是永远地去了天堂……那时，我就感慨生命之脆弱。

住了一段时间的院，回到家里，我改变了对事情及生活态度的看法。我不再埋怨生活，我告诉自己要快快乐乐地过每一天，最好是开心一辈子，我告诉自己活着就要尽情地享受生活，快乐地做自己喜欢做的事情。

2008年5月12日，也是一个值得记住的日子。

这一天，我们学校正在进行初三第二次模拟考试，快到两点半的时候，我走下讲台，把分好的试卷发到小组，这时，有学生说："老师，在晃啊……"

我忙着分发试卷，没太注意，便问："什么在晃？"

学生说："墙啊什么的都在晃。"

我顿了一顿，明显感觉到了头晕，紧接着便有一种天旋地转的感觉，一看窗外，已经有好多学生在跑动了。我赶紧说："赶快下楼，注意安全！"因为之前自己也为报社写过关于防踩踏事件措施的稿件，所以我担心在这样的紧要关头发生踩踏事件。我一边下楼一边招呼学生："看好脚底下，不要摔倒了。"

我跑下楼后的第一反应就是：老公、妈妈正在家里睡午觉（五一回来后，我校下午是3点钟才上课，只是这两天初三模拟考试，初三学生才提前起床考试），我当时想的就是，要上楼去叫醒他们。我不顾一切地冲上楼，打开自家的门，喊了几声，查看了几个房间，一个人也没有。我放心地飞奔下楼。我还算胆大吧？后来我想，要是就在我上楼的那一瞬间，楼塌下来了，我就永远也不能为孩子们写故事了。

事后，我老公说，他在睡梦中突然醒来，觉得耳朵一阵轰鸣，床又在摇又在响，窗户也在响，他就知道出事了，赶紧叫醒了妈妈，一起跑下了楼。

后来，全校师生在操场上待了近七个小时，晚上快10点钟的时候，才各自回寝室休息。那天夜里，学校的行政人员分工负责各区域，通宵值班。那一夜，我想，没有几个人能安然入眠。

那两天，我们一直关注着关于汶川地震的报道，心里有一种难以言表的感慨……

家没有了，亲人没有了，欢笑没有了……一切都没有了……我怀着一颗虔诚的心，为灾区人民祈福！为我们的祖国祈福！

生命如此脆弱！

我感慨，活着的时候，不要抱怨命运的不公平，不要抱怨生活的不如意，不要抱怨单位领导没有事事让你满意，不要抱怨父母没有给你攒下太多财富，不要抱怨爱人没有事事都依你，不要抱怨孩子没有成龙成凤，不要抱怨自己哪方面还不如别人……珍爱生命，珍爱生命中的每一分钟。活着就是幸福，我们对生活不要苛求太多！

孩子，大自然赐予了我们生命，我们是大自然的中最高贵的精灵，我们没有理由不爱自己，没有理由不爱我们身边的每一个人。

你的母亲冒着生命危险，生育了你，你是母亲一生最大的希望，你的快乐是母亲的快乐，你的悲伤是母亲的悲伤，你的一举一动都牵动着母亲的心啊！所以，孩子，你没有理由不爱自己。

人人都是父母所生，人人都有感情，人人都有一颗渴望得到爱的心灵，其实，爱我们身边的每一个人，就是更好地爱自己。

孩子，爱自己要做到珍惜自己的生命。因为有了生命，我们才有了一切。我们不能轻易放弃生命。孩子，你不知道，你的生命不属于你自己，你的生命属于祖国，属于你身边每一个需要你的人。你的生命是那样的重要。

因为有了你，祖国有了希望；因为有了你，母亲有了幸福；因为有了你，你的朋友有了欢乐；因为有了你，你身边的人有了爱；因为有了你……

孩子，爱自己要做到微笑着面对生活。你微笑着，你看到的就是希望；你悲伤着，你看到的就是深渊。不管在什么时候，你都要乐观、自信地面对生活中的困难。困难并不可怕，它只是生活中的一个个坡、一道道坎，只要你微笑着面对它们，你就能从它们身上跨过去。

爱你的老师

2011年4月16日

寄语孩子

※ 每个人对于这个社会都是有用的。回首往事，你一定能找到自身的优点，比如：关心身边的同学，帮助老师做好班务工作，在家里给爸爸泡过茶，跑到商场为妈妈买过味精……这些，

都体现了你对于老师、同学及亲人们的重要性。

※生活是多姿多彩的。和同学们一起爬山的感觉，很惬意吧？和爸爸妈妈一起看电视的感觉，很温馨吧？给爷爷奶奶打洗脸水的感觉，很自豪吧？其实，你的生活充满了阳光与快乐。

※想自杀的人是最自私的，因为，他自己解脱了，却把痛苦留给了他的亲人和朋友。想一想，如果你离开了这个世界，你的亲人会快乐吗？你的朋友会快乐吗？他们都会生活在痛苦的回忆中。

※人无完人，没有谁是十全十美的。你的成绩平平，但是，在别的方面，你可能是最棒的。成绩并不能决定一个人的终生，只要你踏实肯干，就一定会有好前途。

寄语父母

※多读有关家庭教育的书籍，做孩子的心理指导老师，及时了解孩子的心理需求，并帮助孩子度过心理迷茫期。

※营造一个良好的家庭氛围，让孩子在这样的氛围中，轻松地学习与生活。您要随时与孩子沟通，掌握孩子的思想变化，有了问题才能及时得到解决。

※多关注孩子的学习与生活。了解孩子的学习情况，多鼓励、多表扬。鼓励孩子交正直的朋友，让孩子的心灵拥有友谊甘霖的滋润，有了苦闷也可以向朋友倾诉，不至于寂寞。

※多发现孩子的优点与特长，对表现平平的孩子要创造机会，让孩子尝到成功的滋味，让孩子感觉到自己在社会和家庭中的重要性。

品质篇　优秀品质，优秀人生

因为坚强，你会觉得自己浑身充满了力量；因为坚强，你不再会在前进的道路上彷徨；因为坚强，你会觉得生活充满了阳光；因为坚强，你会快乐得像天使一样；因为坚强，你的未来会无比的灿烂辉煌。

生命的天气，靠自己掌握，悲观痛苦地过一天，不如乐观幸福地过一天。生活是一面镜子，你哭它也哭，你笑他也笑，你悲观它会还你痛苦，你乐观它便送你希望。

乐观，让我们的生活充满希望

个案展示

因为我在报刊一直有作品专栏，同时也出版一些故事书，所以，有一些读者便成为了我的QQ好友。

有一天，我登录QQ，收到一个网名叫"一脸无奈"的男孩子的留言：

> 作家老师，我曾经遇到过一些失败，于是，我变得越来越悲观，我觉得自己什么事都做不好，以至于我什么事情都不敢去做。前段时间，学校举行了演讲比赛，本来，事前老师也让我报名参加，但我因为太悲观了，便没有报名参加。比赛那天，我看到了选手的实力，感觉自己如果报名参加的话，不会比他们差。我又一次陷入了深深的自责之中。

在平常的学习和生活中，我总是看不到希望，总觉得生活里缺少了阳光，可是，我又不喜欢这样的生活啊。

我也知道，自己的人生之路还很长很长，需要经历的事情还有很多很多，可是，以我现在这种悲观的性格，是不是会误了许多事情呢？我真的感到很迷惘，您能帮帮我吗？

我的学生中，像这个男孩这样不够乐观的孩子，还真不少。我打开QQ邮箱，开始给这个男孩写信。

心灵交流

亲爱的孩子：

我们行走在一条平坦的大道上，如果太不小心，也会摔上一跤。如果我们行走的是崎岖的山路，如果再加上下雨天路滑，就更有摔跤的可能。我们的生活亦如此：看似风平浪静的生活，也可能会有一点小的波折。如果本来就是不平静的生活，就更容易给我们带来困难和挫折。

孩子，我们要正确对待生活中的不顺心、不如意，千万不能让它们在我们的心中留下阴影。我们从小到大，除了会经历鲜花与掌声，还会经历无数的困难与挫折，这些，都如菜谱中的酸、甜、苦、辣、咸等调味剂一样，让我们生活变得五彩缤纷。也许你会说："鲜花和掌声才能为生活添彩，困难与挫折只会为生活增添烦忧。"孩子，生活也是一道菜。酸、甜、苦、辣、咸都具备了，才能让菜的味道更丰富。苦与乐、哭与笑、痛苦与幸福……合并起来，才是真正的生活。

永远不要被生活中的困难所击垮，再苦再累，也不足以让我们悲观地面对生活，只要我们乐观一些，生活永远都会充满阳光。

或许你也听说过有关沙漠的故事吧：沙漠里行走着的两个人，他们都只有半瓶水，悲观者说："唉，就剩半瓶水了。"乐观者说："真好，还有半瓶水。"面对困境，一味地悲观叹息，并不能够帮助我们走出困境，反而会加重我们的心理负担，更不利于我们战胜困难。既然已经面临困境，我们何不乐观一些呢？乐观一点，给自己战胜困难的勇气，以豁达的胸怀去处理面前的困难，岂不是比一味地悲观叹息要好？我们只有乐观一点，才能做到临危不乱，把事情处理好。

所以，面对生活中的不如意，我们一定要乐观面对。

乐观的生活态度，对我们的人生，有着非常重要的意义。一个乐观的人，无论走到哪里，都能给人留下积极、阳光的好印象，这对人的学习、生活以及工作，都是有益的。

乐观，也是一种涵养。一个乐观的人，他能包容生活给予他的困难甚至不幸，他能包容学习和工作给他带来的不如意。正因为如此，乐观的人，能从迷惘和阴影中走出来，走向阳光灿烂的美好生活。因而，乐观也是一种生活的智慧和艺术。一个生活得有艺术有智慧的人，一定是世界上最美丽的人。

我们应该如何调整自己的悲观情绪呢？

首先，我们可以学着幽默一点。都说幽默的人没有烦恼，是啊，幽默之人，在遇到不如意的时候，不是呼天抢地，而是以豁达乐观的情怀，说出一两句让人发笑的话，驱走了烦恼与不幸。

然后，我们还可以学着自嘲。也许很多人都反对阿Q的自嘲精神，但是，在我们遇到烦恼、情绪低落的时候，自嘲这种精神胜利法，还真的很管用。

乐观的生活态度，除了可以靠自我调节来达到，还可以靠改善身边的人际关系来实现。

良好的人际关系，是一个人学习、生活和工作不可缺少的外在因素。如果你的人际关系处理不好，朋友之间时常闹矛盾，肯定会直接影响你的情绪，进而影响你的学习、生活和工作的质量，许多事非与烦恼甚至挫折便会由此而生，悲观情绪便接踵而来。如果你处理好了人际关系，做起事来会更顺心，工作起来会更称心，生活起来会更开心，在这种情况下，你还不乐观吗？

在生活中找准自己的位置，让自己保持乐观情绪也尤其重要。

人生就是一个坐标系，及早为自己确定一个原点，这个原点就是自己的位置。我们必须找准自己的位置。

我们只有找准了自己的位置，才不至于为自己定过高的人生目标。如果给自己确立过高的人生目标，一旦达不到，便会陷入自己设下的陷阱，让自己走进悲观的深渊。我们只有找准了自己的位置，才能确立人生目标，并为之奋斗，稳步向前。当我们成功地达到顶峰时，胜利的曙光照耀着我们的脸庞。

孩子，好好地调整一下自己吧。生命的天气，靠自己掌握，悲观痛苦地过一天，不如乐观幸福地过一天。生活是一面镜子，你哭它也哭，你笑它也笑，你悲观它会还你痛苦，你乐观它便送你希望。

孩子，乐观起来吧！请你记住：乐观，让我们的生活充满希望！

爱你的老师
2011年4月20日

寄语孩子

※忘记不愉快的经历。如果你把生活中的困难挫折记在心上，还时不时翻出来品味，那么你会越来越不开心，说不定还会品出新的烦恼。所以，请你忘记不愉快的经历，翻开人生中新的一页，开始快乐地生活。

※学会寻找自己的优点。你为什么悲观？最大的原因是因为你觉得自己不够优秀。所以，你要努力寻找你自己的优点。每个人都有优点，只不过很多时候自己没有觉察而已，比如：你的歌声很圆润，你的字写得很漂亮等。你要寻找合适的机会，把这些优点发挥出来，让自己乐观起来。

※帮助那些需要帮助的人。伸出你温暖的双手，献出你的爱心，帮助那些需要帮助的人，这样，你会为你的存在而自豪，你会觉得生活越来越有意见。

※经常暗示自己：我要乐观面对每一天。这种暗示，能够在

你悲观的时候提醒你：从悲观中走出来，乐观地面对生活。经常这样暗示自己，你会把乐观当成一种习惯，真正成为一个乐观的人。

寄语父母

※要想成长为一个乐观的人，您首先要乐观。如果您太悲观，不小心制造了"情绪污染"，那是一件很严重的事情，这会让您的孩子直接受影响。所以，您要在家里营造一个乐观的氛围，让孩子成长为一个乐观的人。

※抓住机会，让孩子尝到成功的滋味。您可以抓住一些机会，甚至制造一些机会，让孩子体验成功，让孩子觉得生活是美好的，人生是快乐的。这对培养孩子的乐观情绪有重要作用。

※培养孩子应对挫折的能力。孩子之所以悲观，是因为他们无法解决生活中的困难，无法承受生活中的不幸，进而泄气、悲观。作为父母，您应该引导孩子，让孩子学习必要的生活技能，教给他一些应对挫折的心态以及经验，让他慢慢具备承受各种困难的能力。这样才能使孩子在遇到挫折时，不至于手忙脚乱。

因为坚强,你会觉得自己浑身充满了力量;因为坚强,你不再会在前进的道路上彷徨;因为坚强,你会觉得生活充满了阳光;因为坚强,你会快乐得像天使一样;因为坚强,你的未来会无比的灿烂辉煌。

让我们一起坚强地走过

个案展示

在这个网络时代,人们已经很少通过邮局寄信了。不过,我还是时常收到从邮局寄来的信,大多数是我的小读者们写来的。其中有一个男孩的来信,让我反复读,反复心疼:

> ……老师,我真的很苦恼,我爱哭,一遇到困难就哭,还经常想要放弃学业,我觉得自己很失败,在学习上也没有什么突出表现。面对同学们的嘲笑,我感觉自己无地自容。好多同学都说我懦弱,连我最好的朋友也骂我是"扶不起来的阿斗"……老师,其实,我也想做一个坚强的人,可是,怎么样才能成为一个坚强的人呢?……

曾经有人说，90后是脆弱的一代。随着物质生活水平的提高，的确有一部分孩子被宠坏了，他们根本经不起生活中的小风小浪，更谈不上勇挑生活的重担。

我多么希望，我身边的孩子，都能坚强起来。

心灵交流

亲爱的孩子：

你读过美国小说家海明威的《老人与海》吗？它是海明威最著名的作品之一，它奠定了海明威在世界文学中的重要地位。《老人与海》这部小说，为什么会有这样大的魅力，能把一个小说家推到文学的巅峰呢？小说不但成功塑造了一个与鲨鱼进行殊死搏斗的老人形象，更重要的是，小说突出了一种精神，那就是坚强。"人可以被毁灭，却不可以被打败。"这是海明威在《老人与海》里所写的一句话。这句话打动了千千万万的读者，成为无数读者的人生信条。

孩子，如果你孤身一人置身于惊涛骇浪中，你会害怕吗？你会选择逃避吗？你不可以！《老人与海》中的老人，在大海上漂泊了八十四天，一无所获。故事中写道："就连跟他在一起很长时间的一个孩子，也不得不在第八十四天离开了他。"在这种情况下，老人依旧选择了坚持。后来，他终于遇到了一条大鱼，一条比他的船还长的大鱼。大鱼的力量非常大，它拖着老人的船，漂流了三天三夜。坚强的老人经受住了考验，终于把大鱼刺死。然而，就在老人把刺死的大鱼拴在船头返航的途中，他又遇上了鲨鱼。老人没有胆怯，没有放弃，他和鲨鱼进行了殊死搏斗。最终他拴在船头的大鱼，被鲨鱼吃得只剩下一副鱼骨架，老人也带着一身的伤痕，回到了家。然而，人们却把老人当成了凯旋的英雄，一个坚强的英雄！

孩子，因为坚强，老人战胜了八十四天没有捕到鱼的失败；因为坚强，老人捕获了比自己的船还长的大鱼；因为坚强，老人战胜了鲨鱼，安全返航。

如果你曾经读过《老人与海》，请你再细读它，再次品读老人的坚强。

孩子，我们的生活，也同样需要坚强。有坚强的人生，才是美好的人生。

你在信上说，遇到困难的时候你就爱哭，其实，这很正常，因为生活里除了有欢笑还允许有泪水的存在。也许，你哭过了，心里会好受一些。不过，哭过之后，你一定要擦干泪水，让自己坚强起来。千万不能一味地沉迷于痛苦之中，甚至选择逃避现实，把自己藏在别人所不知道的角落里。

孩子，生活并非一帆风顺。面对生活中的不如意，有些人选择逃避，选择自暴自弃，而有些人却选择了坚强地面对。选择放弃的人，最终只能走向失败的深渊，而不可自拔。那些选择坚强的人，会在风雨中奋起，一路拼搏，走向人生的辉煌。

你说你觉得自己很失败，在学习上也没有什么突出的表现。

孩子，你要试着把全部的精力都投入到学习中。学习也是一件很辛苦的事情，但我必须告诉你：一定要坚强！坚强地面对学习中可能会遇到的困难，坚强地面对学生中遇到的挫折。只有努力过、坚持过，你才不至于到步入社会的时候，后悔在学校里没有学到知识。不过，我还是要告诉你，不是每个人都可以取得优秀的学习成绩的。如果你不管怎么努力，也不能取得优异的成绩，那么，也请你坚强地面对。因为，我们每个人对知识的理解与领悟能力是不一样的，只要我们尽力了，就比什么都好。

当你觉得自己不够坚强时，把你心中的苦闷说出来，说给你的爸爸妈妈听，说给你信任的老师和同学听，他们一定愿意为你分担。但是，诉说苦闷并不是解决问题的最好方式，你一定要学会坚强，学会面对生活中的不如意，学会自己处理自己的事情，做一个坚强的人。你要时常告诉自己：我是一个永不服输的人，我是一个有坚强意志的人，我一定要坚强地从人生的风雨中走过。

孩子，坚强起来吧，不要再为自己的懦弱而无地自容。在这里，我要告诉你，一个人，最难战胜的就是自己。你首先要说服心里的小我，战胜心里的小我，然后成就坚强的大我。

因为坚强，你会觉得自己浑身充满了力量；因为坚强，你在前进的道路上不再会彷徨；因为坚强，你会觉得生活充满了阳光；因为坚强，你会快乐得像天使一样。

爱你的老师

2011年4月29日

寄语孩子

※适时进行自我磨炼。现在的生活，大多数是幸福美好的，孟子说："生于忧患，死于安乐。"我们可以适当地给自己施加压力，给自己吃一点苦，让自己受一点累，这样，可以磨炼出我们坚强的意志。

※经常鼓励自己，相信自己能成为一个坚强的人。在生活中要努力改正自身存在的缺点，在学习上时刻提醒自己要加倍努力，因为只有这样，你才有足够的信心让自己成为一个坚强的人。

※加强体育锻炼。在体育锻炼的过程中，可以慢慢加大自己的运动量，如长跑，可以加大运动强度，如举重或负重跑；可以让自己在较为艰苦的环境中锻炼，如严寒或酷暑时坚持锻炼等。这些，都可以把你磨炼得越来越坚强。

※遇到困难时，千万不能灰心丧气。你要随时做好迎接磨难的准备，把学习和生活中遇到的每一个困难，当做你人生的垫脚石，你要告诉自己：只要跨过了这块垫脚石，你离成功就更近一步。

寄语父母

※优越的物质生活，足以磨灭孩子坚强的意志。就算您有万贯家私，也不要让孩子养出衣来伸手、饭来张口的坏习惯。你要让孩子做自己力所能及的事情，解决自己能解决的困难。

※要让孩子过有规律的生活。一个懒散的人，很难成为一个坚强的人。在生活中，要让孩子按时作息，千万不能让孩子我行

我素，没有时间观念。

※督促孩子多读书。读书足以增长智慧，足以培养品格。书中自有一些意志坚强的人，他们就是孩子学习的楷模。如果孩子没有读书的习惯，您可以陪着他读，也可以把自己读到的故事讲给他听。

※鼓励孩子参加野外活动。通过一些团体性的夏令营或冬令营，一些野外生存、探险等活动，让孩子得到锻炼。这样的活动，最好多鼓励孩子参加，定能培养孩子坚强的意志。

孩子，一个能吃苦的人，才能真正地创造自己的新生活，才能真正地体验到生活中的酸甜苦辣，才能更好地感受到人生的真谛。日本著名剧作家山本有三说过："年轻时没有尝过苦水的人，不能成长。"

吃点苦头，值

个案展示

我所带的孩子中，有一个特别聪明的女孩子，反应特别灵敏，但就是学习成绩老是提不上来。我便找她来谈话：

"你觉得学习很困难吗？"我问。

"也不是很困难，就是……"她欲言又止。

"也就是说，你在学习的过程中，还是遇到了困难，告诉我吧，也许我能帮你解决。"

"我觉得学习并不难，我就是不想多花时间在上面。"她说，"老师说要练习三道同样的题型，而我只做一道就觉得累了。老师说要把所有的英语单词背下来，还要默写，但我就是不愿意下工夫去背……"

"你照着老师的说法去做，就能取得好成绩啊。怎么不照着做呢?"

"那样做,太苦了……不管是学习上,还是生活中,我都吃不得苦。"她说,"妈妈经常说我是一个吃不得苦的豌豆公主。"

归根结底,是吃不得苦。学习也是需要吃苦的:文科,背得多,分数自然就高一些;理科,多花些时间练题,会做的题型自然也会多一些。

一个不愿意吃苦的孩子,怎么能取得好成绩呢?

心灵交流

亲爱的孩子:

你的妈妈把你当成了豌豆公主,可以看出,你是爸爸妈妈的掌上明珠。我知道,爸爸妈妈给了你一个富裕的家,别的孩子享受不到的物质条件,你都能享受到。可是,孩子,你不能因此而放弃了吃苦啊。

孩子,也许你会说:爸爸妈妈挣了足够多的钱,这些钱,足以让我享受一生,我为什么还要去吃苦呢?孩子,在这里,我要告诉你:父辈留下的物质财产,不足以让我们享受一生,最值得我们继承的是他们吃苦耐劳的精神。

当你在键盘上敲打出一串串字符的时候,你会想起美国微软公司的董事长比尔·盖茨吗?这位连续十三年蝉联世界首富的软件工程师,从小就有吃苦耐劳的精神。

比尔·盖茨七岁那年,就开始反复读那本重量几乎有他体重三分之一的《世界百科全书》,他总在苦苦不停地思考一个问题:能不能造出一个像魔盒这么小的玩意儿,把这些大书里的知识都收进去呢?在比尔·盖茨苦苦探索下,他的理想实现了:一块小小的芯片,就足以把这些大书里的知识装进去。

因为甘于吃苦,比尔·盖茨实现了自己的人生理想。

比尔·盖茨在读小学四年级的时候,老师布置了一篇关于人体特殊作用的作文,要求学生们写四五页就够了。结果,比尔·盖茨在爸爸的书房里查找了许多资料,一口气写了三十多页。在学校里,不管是老师布置的作业还是体育比赛,他都会比其他同学花更多的时间,尽全力去把这些事情做好。这些都足以体现比尔·盖茨具有吃苦耐劳的精神。

比尔·盖茨在退出微软公司的时候,把个人的全部财产580亿美元捐给了比尔与美琳达·盖茨基金会,没有给自己的后人留下一分钱。孩子,也许你并不理解比尔·盖茨的做法,也许你会说:"把这些钱留给自己的后代,他们就可以不要辛苦地挣钱,就能享受到优裕的物质生活,不是更好吗?"

可是,比尔·盖茨说:"再富不能富子女。"

孩子,你理解比尔·盖茨说的这句话的含义吗?他是希望自己的子女能吃苦耐劳、自食其力啊。

许多国家,都有着吃苦耐劳的光荣传统。许多国家的父母,都在培养孩子吃苦耐劳的精神。

"要花钱自己挣。"这是美国中学生的一句口号,美国的孩子从小就会帮助父母或邻居做一些力所能及的事情,来挣取零花钱。在瑞士，十六七岁的姑娘，要到有教养的人家去当一年女佣，半天劳动，半天学习。在德国，孩子到了十四岁，就要承担家里的劳动，例如帮家人擦皮鞋、做饭等。在日本有一句教子名言是："除了阳光和空气是大自然的赐予，其他一切都要通过劳动获得。"在外出旅游的时候，每个孩子都会背一个背包，他们说："自己的东西，应该自己来背。"

我们中国，也有着吃苦耐劳的光荣传统。我们的祖先是吃苦耐劳的祖先，因为他们的吃苦耐劳，才有了中国五千年的悠久历史和文化。我们的先烈是吃苦耐劳的先烈，因为他们吃苦耐劳，才有我们现在的和平生活。我们这一代，肩负着使祖国更加繁荣、更加昌盛的重任，如果不能吃苦耐劳，如何把祖国建设得更加美好？所以，我们应该培养自己吃苦耐劳的精神。

小时候，我在自己的书桌上刻下了一句话——吃得苦中苦，方为人上人。我告诉自己：只有能吃苦耐劳，尽心尽力地学习好每一个科目，做好每一件事情，才能改变自己的命运，才能成为自己命运的主人。如今，回想起自己小时候认真做过的每一件事，所受的每一份苦，我都会欣慰地对自己说："吃点苦头，值得！"

孩子，一个能吃苦的人，才能真正创造自己的新生活，才能真正体验到生活中的酸甜苦辣，才能更好地感受到人生的真谛。日本著名剧作家山本有三说过："年轻时没有尝过苦水的人，不能成长。"他还说："我把辛苦当成我的老师。"由此可见，吃过苦头的人，能更好地成长。

最后，我要给你讲这样一个小故事：有一次，我家养的那对小鹦鹉从笼子里逃走了，没过几天，我们便在林荫道上看到了这对小鹦鹉的尸体。它们为什么死了呢？因为它们已经习惯了我们把食物放进笼子里，它们不会自己捕食，不能吃苦耐劳，所以，逃到自然中便无法生存。

爱你的老师
2011年5月3日

寄语孩子

※养成爱劳动的习惯。为了你将来的生活，为了能够照顾好你身边的每一个人，你一定要养成爱劳动的习惯。把劳动当成一种习惯，因为劳动能让你学会如何生活。

※自己的事情自己做。一个总是喜欢依赖他人的人，绝对不是一个能吃苦耐劳的人。洗衣服、扫房间、收拾书包等，这些事情都必须自己完成，这有助于你早日自立。

※给自己制定吃苦的计划。如果你身在农村，你可以帮助父母干农活，让自己多流汗多出力。如果你身在城市，你可以通过卖报、到餐厅打工等方式，来体验劳动的艰辛。

※经常与能吃苦的朋友在一起。"近朱者赤，近墨者黑。"近吃苦者，亦能吃苦。从这些能吃苦的朋友身上，你会慢慢地向他们学习，学习他们如何吃苦耐劳，学习他们怎么克服生活中的困难。

寄语父母

※孩子纵使是您的心头肉,您也不能让他过着"衣来伸手,饭来张口"的生活。这样一定会让您的孩子养成好逸恶劳的恶习,给他的成长带来不良后果。

※作为家长,您要以身作则,给孩子一个能够吃苦耐劳的形象。在生活中,您要以自己吃苦耐劳的实际行动来感染孩子,让孩子明白:只有吃苦耐劳,才能创造美好生活。

※在孩子感觉很苦的时候,多给他一些鼓励、支持与赞美。鼓励能让孩子重拾信心,支持能帮助孩子渡过难关,赞美则能激励孩子一直坚持下去。长此以往,孩子一定会养成吃苦耐劳的品质。

※要放开手,多让孩子自己去闯去吃苦。您永远不要低估孩子的潜力,在关键时刻,孩子的潜力可以超常发挥。您认为孩子通过努力可以做到的,您就一定不要替他做,您只要在暗中关注一下就可以。

孩子，"天生我材必有用"，相信自己是最棒的，相信自己只要努力，只要拼搏，成功的舞台就会为我们留下那么一角，让我们展示自己的风采。

我很棒，我能行

个案展示

学校的运动会正在紧张有序的进行着。快到25×20接力赛了，文莉却吞吞吐吐地对我说："老师……我担心……还是……换人吧……"

在选拔接力赛运动员的时候，我发现，文莉短跑速度还真不错，但她怎么突然想打退堂鼓了呢？

我不禁想起了上次的演讲比赛：赛前，文莉信心百倍地到我这里来报了名，结果，比赛快要开始了，她却对我说："老师……您说……我能获奖吗……要是我演讲得不好……怎么办？"

其实，文莉是一个发展得比较全面的孩子，可就是缺乏自信心，她总觉得自己不行，总觉得自己不能把事情做好。这样一来，她不管做什么事情都畏首畏尾，展不开拳脚。

我把文莉叫到一边，耐心地给她做了思想工作。后来，她在接力赛中表现突出，为班级夺得这个集体奖作出了贡献。

心灵交流

亲爱的孩子：

　　我在写这封信的时候，一个很棒但不够自信的孩子的笑容，便浮现在我的面前。孩子，这个很棒但不够自信的孩子，就是你啊。

　　孩子，你说普通话的时候，能够做到字正腔圆。你在演讲的时候，能够辅以恰当的动作和表情。可是，你为什么就那样不自信呢？你为什么非要怀疑自己的能力呢？你不是表现得挺好的吗？你不是捧回演讲比赛的奖杯了吗？

　　你是田径赛场上的飞毛腿，当裁判的枪声一响，你就像是离弦的箭，两腿在跑道上飞奔。我们的心，都因你的快速而激动、兴奋。孩子，你明明就是一个短跑健将呀，可是，你为什么那样不自信呢？你为什么会在赛前要求我换人呢？我们班捧回的接力赛奖状上，不也浸满了你的汗水与功劳吗？

　　在我们这个优秀的班集体里，优秀的孩子太多。马辉的书法，刚健有力；丁妍的舞蹈，姿态优美；李媛的钢琴，行云流水……你曾经对我说过："老师，我们班上高手如云，我都没有自信了。"

　　孩子，班上的同学在书法、舞蹈、钢琴等方面有骄人的成绩，这的确值得他们自己骄傲与自豪，也的确值得同学们敬佩与羡慕。然而，你不能让别人的优点湮没你的优点，更不能因此而失去了自我，变得自卑，觉得自己一无是处。你应该在敬佩与羡慕别人的同时，找找自己的优点啊。你的演讲，在我们班上是最棒的；你的短跑速度，在我们班上最快的；你的语文成绩，是我们班最好的……

孩子，你还有好多优点呢！你阳光，你积极，你努力，你有爱心……你知道我们班上的"数学王子"怎么评价你吗？他说："文莉的语文是最棒的，不管是用笔写，还是用嘴巴说，我都比不过她呢。"孩子，一向以数学成绩优秀而自豪的"数学王子"也羡慕你呢，你还有什么理由不自信？

其实，我知道你的不自信，源于你曾经的失败。记得那次作文竞赛，因为紧张，你没有能够很好地审题，所以，你的文章虽然写得很美，但终究因为有偏题之嫌而没有能够入围决赛。于是，失败的阴霾，便笼罩在你的心里，仿佛还在你的心底生根发芽，与你形影相随。

孩子，曾经的失败并不代表你没有能力。人生，就是由一个一个的坡坡坎坎组成，这一个一个的坡坡坎坎就是一次又一次的失败。如果一个坡一个坎就把我们绊住了，这样的人生还能走得下去吗？如果一次失败便让我们失去信心，止步不前，我们还会取得成就吗？我们所熟知的爱迪生等发明家，哪一个没有经历过无数的失败？哪一个不是在失败中振奋精神，找回自信，重新迈开前进的步伐，最后走向胜利？

也许，你不够自信的原因还在于，你对自己要求过高。你的演讲已经很好了，但你觉得不够精彩；你的短跑已经够快了，但你觉得还可以再提高；你的语文成绩已经很好了，但你觉得数学成绩还不够棒……所以，你会缺乏自信心，到你该展示自己能力的时候，你却想要退缩逃避。孩子，我想告诉你：你可以给自己定一个奋斗目标，但绝对不可以因为目标暂时没有实现而失去自信。

孩子，如果你失去了自信心，你会变得委靡不振。马克思曾说："自暴自弃，这是一条永远腐蚀和啃噬心灵的毒蛇，它吸走心灵的新鲜血液，并在其中注入厌世和绝望的毒汁。"

一个自暴自弃的人，他的眼里有的只是失败，他的心中没有理想与目标，于是，他便不再努力。这样的生活是无聊的生活。这样的人生是没有追求的人生。一个自暴自弃的人，在他的生活中没有航标灯，眼前只有一片黑暗。一个人毫无目的地在黑暗中行走，他最终会坠入无底深渊。

希腊有句名言："自信心比天才重要。"一个天资聪颖的人，如果他没有自信心，他便不会努力去学习，便不会去奋力拼搏，便永远不会取得骄人的成绩。孩子，不是每个人都是天才，但是，我们每个人都可以给自己一份自信心。有了自信心，你便拥有一份前进的动力。当你成功的时候，你会告诉自己："我是最棒的！我还要继续努力！我还会取得更大的成绩。"当你失败的时候，你会微笑着面对失败，你会给自己加油，你会告诉自己："相信我是最棒的！我一定会努力，走向成功！"

孩子，"天生我材必有用"，相信自己是最棒的，相信自己只要努力，只要拼搏，成功的舞台就会为我们留下那么一角，让我们展示自己的风采。

爱你的老师
2011年5月6日

寄语孩子

※我们要正确面对失败，不要让自信心因失败而丧失。失败了，如果自信心还在，你会很快走向成功。失败了，如果自信心也没有了，迎接你的将会是更大的失败。

※用心体验生活中的每一次成功。有些成功虽然是微不足道的，但这也是你努力奋斗过的标志。珍惜每一次成功，用成功来鼓励自己，给自己更大的信心。

※人生最大的敌人是自己。你不能给自己一个漂亮的容貌，你不能给自己一双灵巧的双手，你不能选择自己出生在一个富裕的家庭……但是，你可以给自己一个自信的微笑。如果你能战胜自己，能给自己一份自信，你的生活便会因自信而改变。

※经常告诉自己："我最棒，我能行。"其实，很多事情，只要我们愿意去做，只要我们用心去做，我们便会取得成功。自信，便是成功必不可少的要素。因为有了自信，你便会充满激情，你便会全力以赴。有了这样的激情和拼劲，还有什么不能成功的呢？

寄语父母

※不恰当的评价、不合理的批评、讽刺、挖苦等,很容易让孩子丧失自信心,进而产生自卑心理。父母亲在评价与批评孩子的时候,一定不要连讽刺带挖苦,而是要采取先表扬再提意见的方式,告诉孩子,他哪些地方做得不好,需要改进。

※不要对孩子期望过高。如果孩子只能跳过一米五的高度,而您一定要让他跳过三米的高度,他永远也达不到您的标准,只会在一次又一次的失败中失去自信心。给孩子定一个合理的目标,让他在达到这个目标以后,再定一个新的目标,引导着孩子继续努力。

※爱孩子,尊重孩子。当孩子感受到您爱他且尊重他的时候,他会对生活充满信心,他会激情满怀地去学习、去生活、去进步。反之,孩子会变得态度冷淡、情绪消极。

※给孩子创造体验成功的机会。如果孩子屡屡失败,他会失去继续努力的信心。您若是根据孩子的实际情况,适当地给孩子创造体验成功的机会,孩子就会觉得自己有能力做好一件事情,就会变得自信满怀。

※多鼓励,多赞扬。当孩子遇到困难时,您要多鼓励他,给他战胜困难的信心和决心。当孩子取得成绩的时候,您要多赞扬他,让他充满自信,继续奋斗。

英国学者罗素曾经说过:"只有积极进取的人,才有可能摘取成功的桂冠,强烈的进取心是人生飞翔的翅膀。"孩子,成功的桂冠,是那样的耀眼,是那样的美丽,难道你不想把它捧在手中吗?

自己的蓝图自己描绘

个案展示

一天,我刚登上QQ,便收到一条好友验证消息:"向您求助,请您加我!"看到这条好友验证消息,我便知道,可能是哪个朋友遇上难题了,他需要我的帮助。于是,我通过了这个QQ好友的验证。

我们的聊天记录如下:

紫藤萝瀑布(我的网名):您好,您是哪位?有什么需要我帮助的吗?

远山的呼唤(好友的网名):您好,我是一个男孩子的父亲。我的孩子根本不把学习放在心上,我怎么办呢?

紫藤萝瀑布:他为什么不爱学习呢?您找到原因了吗?

远山的呼唤：他经常对他的同学说："我学与不学，以后的生活都是一样的好，为什么还要费尽心思去学习呢？"

　　紫藤萝瀑布：我没明白呢，学习与不学习，以后的生活会是两种不同的方式，他怎么这样说呢？

　　远山的呼唤：唉，说来话长呀。我有自己的公司，有一笔较为丰厚的资产，家里请了保姆，孩子从小就是衣来伸手、饭来张口，要什么买什么，他从来没有缺过钱花。小学的时候还好，他比较听话，学习成绩也不错。可是现在，他知道，我所挣的钱，他一辈子也花不完……他总是说："我凭什么还要像别人一样苦啊，学习是一件多么累的事情啊……"

　　紫藤萝瀑布：看来，物质条件太优越，对孩子也不好啊。

　　远山的呼唤：是呀！我也和他讲了不少道理，告诉他要努力学习。可是，他就是听不进去。一个朋友说您在这方面有经验，所以，我只好求助于您了……

　　那一天，我和这位父亲聊了许多。然而，我知道，我还应该抽出时间，和这位父亲所提到的男孩说说话。于是，我便用这位父亲所提供的QQ号码，开始给男孩写QQ邮件。

心灵交流

亲爱的孩子：

当你打开QQ邮箱，看到这封发件人为"紫藤萝瀑布"的QQ邮件的时候，你一定会感到惊讶，你一定会问：紫藤萝瀑布是谁呢？这个人为什么要给我写信呢？

孩子，当你点开这封信的时候，我相信，我们已经成为了知心朋友。

孩子，我真为你高兴，你有这样富裕的爸爸和妈妈，他们靠自己的打拼，有了这一番红红火火的事业，为他们自己的人生描绘了一幅美丽的蓝图，也为你创造了非常优越的物质条件。

你的家里，一定有一间属于你自己的房间，房间里一定摆满了你所需要的东西：那个高大的衣柜里，挂满了各种名牌衣服；一个大大的书架，上面摆满了你所喜欢的书；一个整洁的书桌，上面摆着一台笔记本电脑；临窗的一角，摆放着一架三角钢琴……可是，我知道，你除了喜欢那些名牌服装外，除了喜欢打开笔记本玩游戏外，那些书、那架钢琴，都只是你房间里的装饰品，并没有实现它们应有的价值。

孩子，你知道吗，你房间里的这些东西，可以让好多孩子羡慕啊？在遥远的贫困山区，还有多少孩子，他们身上穿着破烂的衣服，他们手里捧着的是几本破旧的课本，他们根本没有课外书可以读，更谈不上用笔记本电脑。而那架三角钢琴，更是他们不敢想像的奢侈品。

我有一个学生，喜欢听钢琴曲，也想学习弹钢琴。可是，她的爸爸妈妈没有足够多的钱送她去学钢琴，更没有多余的钱为她买钢琴。她说："爸爸妈妈，我可以少穿几套衣服，可以不吃零食，我会非常节约，但我一定要学钢琴。"就这样，整个暑假，她每天步行去琴行练琴，往返要走三个小时的路。她舍不得坐公交车，更舍不得坐出租车，她要省下每一分钱，交学费，交练琴费。孩子，要是她的房间里，也摆着一架三角钢琴，她该会怎样欣喜？

孩子，珍惜你所拥有的优越条件，好好学习吧。在好好学习的同时，你可以读好多的书来充实自己。你可以好好利用电脑这个工具，查找资料，学习新技能。你可以好好练习弹钢琴，就算不能成为一名钢琴家，也可以让钢琴充实你的业余生活。孩子，在如此优越的环境中，你为什么不把自己变成一个优秀的人才呢？

也许你会说："爸爸妈妈有的是钱，我就是不学习，将来也有用不完的钱。"孩子，难道躺在安乐窝里尽情地享受，就是你所想要的生活吗？

也许有一天，你躺在沙发上看电视，看见你曾经的同学登上了领奖台，被鲜花与掌声簇拥着，你心底会涌起什么样的滋味？

也许有一天，你走出你那豪华的别墅，看见你曾经的同学通过创业，拥有了自己的公司，正值事业的巅峰的时候，你敢上前去和他握一握手吗？

也许有一天，你接到一个电话，你曾经的同学与你聊天，聊时代的进步，聊生活的变化，聊事业，聊人生……你却无言以对，因为，你已经彻底地落后了，你已经彻底地被时代抛弃！

孩子，为什么多年以后你的心底可能会涌起失落的滋味，不敢和曾经的同学握一握手，不敢和曾经的同学聊天？因为，你被优越的物质生活所毁灭，你现在没有好好学习，没有努力进取，没有为自己的人生描绘出一幅美丽的蓝图，你已经在优越的物质生活中，失去了做人的价值。

孩子，进取心是多么的重要啊！

英国学者罗素曾经说过："只有积极进取的人，才有可能摘取成功的桂冠，强烈的进取心是人生飞翔的翅膀。"孩子，成功的桂冠，是那样的耀眼，是那样的美丽，难道你不想把它捧在手中吗？然而，想要得到它，你必须从现在开始，付出辛劳，付出汗水，一分耕耘，一分收获，只有通过努力，成功的桂冠才有可能属于你。

孩子，难道你不想在将来的某一天，能拥有一方属于自己的天空吗？在这一方天空下，你拥有自己的事业，你可以骄傲地飞翔，你可以充分展示自己的人生价值。孩子，这一方天空，同样需要你付出辛劳，付出汗水，去努力营造。

爸爸妈妈创下的事业，是属于他们自己的。爸爸妈妈积累下来的资产，可以帮助我们完成学业，甚至为我们以后创业打下坚实的基础。但是，我们绝对不可以坐享其成！我们绝对不可以奢望不劳而获！如果我们坐守爸爸妈妈留下的资产，那就等于被优越的物质毁灭了自己！

孩子，加油吧！努力吧！只有敢于拼搏，勇于进取之人，才能登上人生的大舞台，迎接属于自己的鲜花与掌声！孩子，我把美国学者胡巴特说过的一句话送给你："这个世界只愿对一件事情赠与大奖，那就是进取心，也就是主动去做应该做的事情。"

爱你的老师
2011年5月9日

寄语孩子

※常言道："坐吃山空。"我们不能坐享父母留下的资产，那样无异于慢性自杀。

※一个没有进取心的人，与行尸走肉没什么两样。没有进取心的人，整天精神恍惚，无所事事，无所作为，原地踏步，总会被时代抛弃。

※进取心是一股不可小视的力量，它能带着我们去学习新的知识，去探索自然的奥秘，会带着我们去实现更美好、更远大的理想。

※大凡品学兼优之人，都有进取心。因为进取，他们会为自己确定一个明确的目标。因为进取，他们会不懈努力，朝着这个目标奋斗。因为进取，他们会战胜一切困难，去实现这个目标。因为进取，他们最终总会踏上成功的红地毯。

※如果你缺乏进取心，请你看看周围的同学吧，看看他们如何确立近期目标，看看他们如何努力奋斗拼搏。他们的进取精神，会感染你，会带动你，会激发你。

寄语父母

※身为父母,您要以身作则,让自己保有进取之心,让家庭充满进取的氛围。然后,以你们的进取精神,去感染孩子,带动孩子。

※不管家里的物质条件多么优越,您也要告诉孩子:自己的未来,要靠自己去创造。您可以给孩子讲自己的创业故事,告诉孩子:进取心是创业必不可缺的要素。

※要帮助孩子确定人生目标,让孩子在学习中进取,在进取中获得一个个小的成功。然后,根据实际情况,帮孩子确立更高的目标,让孩子在不断进取不断成功的道路上,健康成长。

※适当地让孩子参与竞争,如参加演讲比赛、作文竞赛、体育比赛等,让孩子在竞争的过程中明白:只有进取,才不落后。

※让孩子阅读励志美文,阅读伟人故事,参观伟人旧居,甚至可以和孩子一起寻找人生偶像,了解偶像艰辛的人生历程,激发孩子的进取心。

※培养孩子坚强的毅力,如带孩子长跑、打球、游泳、练字等,为孩子不断进取提供保证。因为,只有拥有坚强的毅力,才能不断进取,走向成功。

诸葛亮说:"将不可骄,骄则失败,失败则人离,人离则众叛。"孩子,我想对你说:"学子不可骄,骄则无术,无术则无为,无为则失败。"

将不可骄,骄则失败

个案展示

还记得在一段时间里,班上那个一向不太说话的男孩靖宇,变得张扬起来。用孩子们的话来说就是:"一向低调的靖宇,高调起来了……"

本来,对一个有些内向的孩子来说,张扬一些没有错,高调一点也没有错,至少可以让他在情绪上调节一下,更适应这个略显张扬的社会。然而,我很快了解到了靖宇张扬的原因。

期中测试,靖宇的各科成绩都大有提高,从年级的第十名跃居第二名。于是,靖宇变得骄傲起来,他经常用不屑的口气对身边的同学说:"年级第二名,也不是一般人能夺得的。"

接下来,各科老师也有了反应:靖宇不太在意老师布置的作业,上课的时候精力也不够集中。面对老师的批评,他说:"我有好的学习方法,我自己知道怎么学习。"

我找靖宇聊天，面对我给他提出的建议，他虽然没有说话，但是，我从他的眼神里，分明看到了骄傲。

骄傲，可是人生的大敌呀！我提起笔，给靖宇写了一封信。

心灵交流

亲爱的孩子：

昨日，我漫步田间，金黄的谷浪，弥散着甜甜的稻香，稻子成熟了。成熟的稻穗低下头，它们私语着，羞涩着，安静地感受着相互之间这份成熟之美。一副副谦虚的模样，铭刻在我的记忆深处。

《庄子》中有一句话："吾生也有涯，而知也无涯。"生命是有限的，然而，知识是无限的，我们要抓紧时间，用有限的生命去学习无限的知识。

众所周知，爱因斯坦是20世纪最伟大的科学家之一，然而，他仍旧在不断地学习，不断地研究。曾经有一个年轻人问爱因斯坦："您在物理界的成就，已经可以称得上是空前绝后了，为什么还要学习呢？为什么不好好地休息呢？"爱因斯坦没有说话，他在纸上画了一个大圆和一个小圆，说："现在，我在物理学方面懂得的东西，比你稍多一点，你所知道的就如这个小圆，我所知道的就如这个大圆。然而，整个物理学方面的知识，却是无际涯的。也正如这个小圆，它的周长小，和未知领域的接触面小，它感受到自己未知的东西就要少一些。而这个大圆，它的周长大，和未知领域的接触面就大，它感受到自己未知的东西就更多一些，便会更加努力去学习、去探索……"

如果爱因斯坦骄傲了，他可能会停止学习，停止探索，吃喝玩乐。然而，爱因斯坦是谦虚的，他认为自己在物理学这一领域里，未知的东西还很多，还需要继续学习、继续探索。

古今中外，大凡对人类作出过杰出贡献的政治家、思想家、科学家们，他们都是谦虚之人，他们总是不断努力、不断探索、不断突破自己，取得新的成就。因为他们深刻地认识到：学海无涯，任何一门学问都如宇宙般浩瀚，都值得他们用毕生的精力去研究。如果你因一点成绩而骄傲，停滞不前，你终究会被别人超越，终究会成为这一领域的失败者。

孩子，我记得你读过不少好书，你也曾读过《三国演义》吧？书中那个熟读兵书、聪明过人的马谡，为什么会痛失街亭？其实，正是马谡自认为自己"熟读兵书、聪明过人"而害了自己啊！在马谡出兵前，诸葛亮把当前形势作了细致的分析，但是，马谡却听不进去，他不按诸葛亮的战略部署，也不接受副将王平的建议，最后街亭失守，诸葛亮不得不"挥泪斩马谡"。

试想，如果马谡谦虚一点，把诸葛亮的分析放在心上，听一听王平的建议，他会痛失街亭吗？他会被诸葛亮忍痛斩首吗？

谦虚是挚友，骄傲是敌人。毛泽东曾经说过："虚心使人进步，骄傲使人落后。"是啊，谦虚是挚友，它能伴着我们，好好学习，好好工作，创造辉煌的业绩。骄傲是敌人，它会带着我们不学无术，目空一切，走向失败的深渊。

孩子，我们所取得的每一次成功，都值得我们自豪。但是，这一点点的成功，真的不足以作为我们骄傲的资本。一次考试的进步，并不标志着你已经掌握并能灵活地运用所有的知识。一次考试的进步，并不说明你在以后的考试中也能取得最好的成绩。更何况，你上次的考试成绩，只是在我们年级中排名第二，你有没有想过区县排名？你有没有想过省市排名？你有没有想过自己在全国的中学生中所处的位置？还有那些在国际上都能站住脚的中学生，你有没有想过他们所取得的骄人成绩？

骄傲之人看不见自己的弱点，于是，他们便永远也无法完善自我。骄傲之人分不清眼前事实的真相，于是，他们便没有办法明辨是非，没有办法处理好生活中的事情。骄傲之人看不到别人的优点，于是，他们会目中无人，自以为是，而失去许多良师益友。

孩子，我们要用谦虚之心去对待每一次成功。我们要把每一次成功作为奋斗的起点，继续努力，争取更大的成功。我们要用谦虚之心去对待身边的每一个人。身边的良师益友时常会给我们提出许多意见和建议，我们要谦虚地接受这些宝贵的意见和建议，改正自身的错误，弥补自身的不足，不断地完善自己。

诸葛亮说："将不可骄，骄则失败，失败则人离，人离则众叛。"孩子，我想对你说："学子不可骄，骄则无术，无术则无为，无为则失败。"

爱你的老师

2011年5月11日

寄语孩子

※记得我的老师曾经对我说过："半壶水，响丁当。满壶水，摇不响。"意思大致是说："一个学问不太多的人，喜欢骄傲自大，炫耀自己的学识。一个学识渊博的人，反而很谦虚，不爱表露自己的学术。"孩子，我希望你们不要做半壶水，努力学习，争取壶满而不响。

※当你取得了一点成绩，想要骄傲的时候，你和身边优秀的人对比一下，你会发现，你还有许多地方不如别人，你还需要更加努力，去获取更多知识，去学习更多的技能。

※时刻牢记：谦虚是一种美德。一个喜欢炫耀自己的才干的人，是得不到别人尊重的。那些学识渊博之人，不会到处炫耀他们的学识，然而，他们这种谦虚的人格魅力，却更能感染人，博得人们的青睐。

※骄傲是无知的别名，自满是智慧的尽头。一个骄傲自满之人，他会忘了继续学习，忘了用知识与技能来充实自己，最终，会变成一个平庸无能之人。

寄语父母

※首先，为人父母者，要做一个谦虚之人。以谦虚之美德，让孩子耳濡目染。让孩子在这样的环境中成长，引导孩子成为一个谦虚之人。

※当孩子骄傲的时候，您要帮助孩子正确地分析与评价，

承认孩子取得的成绩,指明孩子需要努力的方向,让孩子戒骄戒躁、虚心上进。

※引导孩子确立正确的奋斗目标,告诉孩子,每一个小目标的实现都离不开虚心好学,如果骄傲自满就永远也实现不了自己的人生理想。

※当孩子骄傲自满的时候,适当地让孩子与身边优秀的孩子比一比,寻找差距,总结自身存在的问题,寻找努力的方向。

倾听爸爸妈妈心中的声音吧，他们会带着你走过人生的迷惘；倾听老师心中的声音吧，他们会引导你走向光明的彼岸。

叛逆，不是花季雨季的代名词

个案展示

"丁零零……"深夜，床头的电话响了。我翻身起床，抓起电话。电话里，一个声音急切地告诉我："您赶紧来学校保卫科一趟……"

深夜电话响，一般都有急事。现在让我赶紧去学校的保卫科，我知道，班上的孩子，肯定出大事了。我马不停蹄地朝学校保卫科赶去。

我的学生肖磊，在我查过寝室后私自翻围墙外出，在网吧里与人起了争执，最后被一帮小流氓打得头破血流……

伤口在肖磊的身上，伤痛在我的心里。

半夜私自翻围墙外出，对于肖磊来说，已经不是第一次了。以前，肖磊是一个品学兼优的孩子，但是，在这一年多以来，他经常和父母吵架，经常一个人跑到网吧玩游戏，还和一些同龄人打架等。老师的教育和家长的批评，他根本听不进去，学习成绩一落千丈。

当晚，我和肖磊谈了很久，他很固执很倔强，根本就听不进劝告。肖磊认为，青春期的叛逆，是天经地义的，是谁也阻止不了的。

叛逆，这两个字刺痛了我的心。叛逆，真的是花季雨季的代名词吗？

心灵交流

亲爱的孩子：

首先，我由衷地为你高兴，因为你已经步入了人生最美的时期：花季雨季。在这样的季节里，你日趋成熟，渐渐地开始明白事理，开始建立自己的社会关系。在这样的季节里，你开始拥有一些志趣相投的朋友，为以后的人生铺设道路。在这样的季节里，你会明确自己的奋斗目标，你会为实现自己的理想而付出辛劳与汗水，你的人生可以像花一般绽放美丽。

孩子，花季是人生很美丽的时期，为什么又称之为雨季呢？这一时期，你的心里会有许多困惑，你会面临许多困难，因为，你的翅膀还不够硬朗，你的思想还不够成熟，你的意志还不够坚强。这个时候，你的爸爸妈妈，你的老师，你的兄弟姐妹，你的同学等，他们都可能为你作出正确的导航，都可能成为你的引路人。

这一时期，随着你对世界的进一步认识，随着你对许多事情看法的转变，你的心底会或多或少地涌起几分叛逆。你可能会讨厌老师的谆谆教诲，你可能会讨厌父母的喋喋不休，你可能会我行我素，会认为唯有自己的选择与做法是正确的。

孩子，我理解你的叛逆。但是，我要告诉你，叛逆并不是花季雨季的代名词。

在生活中，你会面临许多困惑，例如：该不该上网，该不该与网吧里的同龄人交往，该不该早恋，该不该养成凡事都我行我素的习惯……这些困惑，都需要有人来帮助你解惑。最能帮助你的便是你的爸爸妈妈，因为他们天天与你生活在一起，他们最爱你，最了解你的思想和脾性，最能针对你的这些困惑，为你想出解决困惑的办法。

然而，孩子，你却把你的爸爸妈妈当成了你叛逆期最大的敌人。你可知道，你的爸爸妈妈有多伤心吗？他们把你的成长放在第一位，他们事事处处为你着想，你的烦恼便是他们的烦恼，你的一举一动都牵着他们的心。你换位思考一下吧：当你全心全意地关爱一个人，而他却事事处处与你作对，根本不把你的好言好语放在心里。这时候，你的表现是什么？你会心痛，是吧？你的爸爸妈妈何尝不是这样呢？他们打心眼里爱着你，而你却怀着一颗叛逆之心，处处与他们作对，你是不是也伤了他们的心呢？

在你的学习上，你会遇到许多难题，例如：如何才算端正学习态度，什么样的学习方法才能提高学习成绩，不同科目应该采用什么样不同的学习方式，怎样处理学习与玩耍的关系……这些难题，也需要有人来帮助你。而能帮助你解决这些难题的人，除了你的爸爸妈妈，还有你的老师。

孩子，你可知道，老师总是把学生当成自己的孩子来看待，甚至把学生看得比自己的孩子还重要。然而，面对老师的谆谆教诲，你却不屑一顾。你认为老师是在逼你学习，你认为你所学的东西都是为了给老师带来荣誉。老师教育你不能半夜翻围墙，因为那样很危险，而你却说："是不是我翻围墙摔断了腿，你害怕承担责任？"孩子，你的这种态度会让老师心痛啊。老师多么希望看到一个健康的你，一个阳光的你，看到一个积极上进的你啊！

孩子，懂事，是花季雨季的代名词之一。随着年岁的增长，你应该越来越懂事，要学着换位思考，学着理解别人对你的教育，学着接受别人给你提的意见和建议，学着关心爸爸妈妈，关心老师同学，关心身边的每一个人。即使身边的人言语过激，你也要学着原谅他们。

奋进，也是花季雨季的另一个代名词。花一样的季节，花一样的年龄，花一样的生活，都需要以知识来充实自己。一朵不愿意吸取养分的鲜花，只会在花季中凋零。一个没有知识、没有本领的人，只能在人生最美丽的季节里落后。

当然，花季雨季的代名词，还有许多许多，例如关爱、理解、宽容、拼搏等，都是花季雨季的代名词。这些代名词，与叛逆相比，是不是会让青春期更充实更美丽？

孩子，叛逆，真的不应该成为花季雨季的代名词。在固执的叛逆中，你会伤害爸爸妈妈那关爱你的心；在固执的叛逆中，你会把老师的教导拒之门外；在固执的叛逆中，你会失去良师益友，你会迷失方向……

倾听爸爸妈妈心中的声音吧，他们会带着你走过人生的迷惘；倾听老师心中的声音吧，他们会引导你走向光明的彼岸。

爱你的老师
2011年5月18日

寄语孩子

※孩子，你正处于青春期，情感丰富，情绪容易波动，这段时期，你要学会克制自己的情绪，不要随意乱发脾气。善于控制自己的情绪，也能帮助你走向成熟，走向成功。

※青春期，你会觉得自己像个大人，你很在意别人对你的看法，自尊心特别强，很敏感，似乎很容易受到伤害。你要明白，你并未长大成人，你还只是一个小孩子，父母、老师及亲朋好友的意见和建议，对你依然很重要。所以，你要认真对待他们的意见和建议，切不可任由自己的脾性，冲着他们大发脾气。

※正处于青春期的你，很容易被一些事情的表象所蒙蔽，更容易受到身边的不良青少年的影响，走上歧路。面对大人的批评，你要静下心来思考，结合自己的所作所为，分析利害关系，改变心态，改正不良行为。

※青春好年华，非常值得珍惜，千万不要让这样的好时光大把大把地从你的手指尖流走。你要多把精力放在学业上，放在加强自身修养上，只有这样，你才能成长为一个有知识有能力的

人，才能成长为一个受人尊敬的人。

寄语父母

※要理解孩子。处于青春期的孩子，特别敏感，作为父母，要和孩子做知心朋友，要充分理解孩子的心理需要与感受，多与他们谈心，多了解他们内心的想法。如此，孩子的叛逆情绪，自然会少许多。

※要尊重孩子。如果发现孩子有不良行为，要做到循循善诱，做到以心换心，与孩子交心谈心。如果抓住孩子的错误，一味地指责加谩骂，只会加深加宽代沟，加重孩子的叛逆情绪。

※多一些宽容。青春期的孩子，偶尔做一些他们不应该做的事情，父母首先应该明白：他们只是孩子。首先要用一颗宽容之心去对待孩子的错误，然后，针对孩子所犯的错误，理智地加以分析，心平气和地告诉孩子，应该做什么，不应该做什么。

※培养孩子独立处理问题的能力。当孩子遇到问题时，尽量先让孩子独立作出决定，让他们从中学会分析问题、解决问题。如果发现孩子处理不恰当，再和孩子一起解决。这样，孩子学会了理智地分析并解决问题，他们便会少了许多叛逆。

有位名人说得好："诚信是道路，随着开拓者的脚步延伸；诚信是智慧，随着博学者的求索积累；诚信是成功，随着奋进者的拼搏临近；诚信是财富的种子，只要你诚心种下，就能找到打开金库的钥匙。"让我们以之共勉！

人而无信，不知其可

个案展示

接连几次考试，冬妍都考得不错，这让我感到非常欣慰：冬妍进步了。班上每一个孩子的进步，对于我来说，都是一件大喜事，比自己的孩子进步了还高兴。

然而，有一天，一个孩子悄悄递了一张纸条给我，上面写着：

老师，冬妍考试作弊，所以，她这几次考试都得了高分。

真的吗？冬妍真的采用了这种不诚信的手段，来获取高分吗？一开始，我还真不相信这是真的，因为，我一直在班上强调：要做一个诚信之人。孩子们也一一给我交了承诺书，承诺自己会做一个诚信的人。冬妍怎么会违背这一承诺了呢？

又一次考试到来了。正巧，校长有事找我，我便离开了教室。等校长交代完了事情，我并没有进教室，而是在窗上扫视着教室里的一切。我发现，冬妍的眼光，并没有在试卷上，而在课桌下的两膝上。我悄悄走进教室。果然，冬妍正翻着书，在抄着答案……

心灵交流

亲爱的孩子：

还记得，我曾经给孩子们讲过孔子的学生曾子杀猪的故事。

曾子的夫人要到集市上去买东西，她的儿子吵着要和她一同去。曾子的夫人说："你回家去，等着我回来，杀猪给你吃。"曾子的夫人从集市上回来，曾子便真的要去杀猪。曾子的夫人一边阻拦曾子，一边说："你真的要杀猪啊？我只不过和儿子开个玩笑而已。"曾子一本正经地说："我们可不能随便和小孩子开玩笑啊！小孩子没有什么判断能力，他们就等着爸爸妈妈去教他们。现在，你作为孩子的妈妈却欺骗了他，分明就是在教孩子欺骗人啊。如今你欺骗了孩子，以后孩子会不会再相信你，这绝对不是用来教育孩子成为诚实守信之人的方法。"于是，曾子就杀了猪，把猪肉煮了给孩子吃。

这个故事告诉我们，做人要诚信。曾子的夫人答应回来给孩子杀猪，如果回来后却不杀猪，就是不诚信的表现。曾子的夫人如果不诚信了，她的孩子就会学着她，长成一个不诚信的人。曾子作为杰出的教育家孔子的一名优秀弟子，他深知为人诚信的重要性。这个故事也警示后人：要做一个诚信之人。

孩子，我想，在你的学习生活中，身边一定发生过这样的小事吧——

一个小男孩向一个小女孩借一块橡皮擦，他说："我一会儿还给你。"小女孩很慷慨地把橡皮擦借给了小男孩。结果，这个小男孩一直没有把橡皮擦还给小女孩。

有一天，小男孩发现自己的铅笔没带来，便向小女孩借铅笔，还说："我把这几道题做完后，就把铅笔还给你。"结果，小女孩不愿意把铅笔借给这个小男孩了。当男孩问女孩为什么不愿把铅笔借给自己的时候，小女孩说："你上次借了我的橡皮擦都没有按时归还呀，我怎么相信你会把铅笔归还给我呢？"

这应该是一个很常见的小事情。然而，我们不应该小看这个小故事，它告诉我们：做人要诚信。一个不诚信的人，便得不到别人的信任。

诚信，乃做人之根本。一位美国商人曾说过："一个人可以失去财富，失去职业，失去机会，但万万不可失去诚信。"

对于商人来说，诚信是一张通行证。任凭你的学历再高，你的资金再雄厚，你的脑子再聪明，如果缺乏诚信这张通行证，你是没有办法在商海中遨游的。

对于顾客，一个商人，如果把假冒伪劣商品卖到顾客手中，顾客上了一次当，还会上第二次当吗？我想，当他们再次看到这个品牌的东西的时候，他们会说："别买，这是假货！"

对于合作伙伴，一个商人，如果不按时把订单上的货物保质保量地送到对方手中，他们还会有第二次合作吗？

不诚信的商人，只能是自断后路，自食苦果。

孩子，也许你读过《送东阳马生序》这篇文章吧？明代大学问家宋濂，年幼时家里很穷，他不得不到别人家去借书来读，一边读一边抄。为了保证在约定的时间内把书归还给主人，即使是大雪天气，他也不怕寒冷，努力抄书，然后冒着风雪，跑步去把书归还。正因为宋濂是一个诚信之人，别人才愿意一次又一次地把书借给他读。

孩子，也许你会说，考试作弊只能算是一件小事情，难道也会是一种不诚信的表现吗？考试是检测学生学习情况的一种手段，学生应该通过试卷，如实地反映自己的学习情况。如果考试作弊，便没有如实地反映自己的学习情况，便是不诚信的行为。

也许你还会说，考试作弊也没什么大不了的，无非就是传出去不好听罢了。然而，如果从小养成了不诚信的习惯，长大后，把这种不诚信带进你的生活与工作中，就会给自己垒上一个个通往成功的障碍。

据我了解，现在一些学校已经在为学生建立起诚信档案。学生的不诚信行为，例如考试作弊，便会被记录到档案中，这些档案一是作为毕业考试成绩的参考，二是直接带进以后的工作单位。试想，如果一个人的档案中，一次又一次地记录着"不诚信"，这该会给自己以后的人生路，设下多少障碍呀。

孔子说："人而无信，不知其可也。"意思是说："一个人如果不讲信用，那就没有什么可以肯定的了。"

孩子，好的学习成绩，需要靠自己平时努力才能取得。当你步入社会，良好的社会关系，需要自己靠诚信才能取得。

有位名人说得好："诚信是道路，随着开拓者的脚步延伸；诚信是智慧，随着博学者的求索积累；诚信是成功，随着奋进者的拼搏临近；诚信是财富的种子，只要你诚心种下，就能找到打开金库的钥匙。"让我们以之共勉！

爱你的老师
2011年6月8日

寄语孩子

※孩子，诚信是美丽的外套，是圣洁的鲜花。做一个诚信之人，犹如给自己穿上一件美丽的外套，犹如让自己盛开为一朵圣洁的鲜花。

※孩子，做一个诚信之人吧，我们的校园需要诚信。只有诚信，教师才能好好地教育学生。只有诚信，学生才能更好地学习知识，增长技能。只有诚信，老师与学生之间，学生与老师之间，才能和谐，才能共进。

※诚信是做人之根本，没有诚信，便没有尊严。一个人，如果缺乏了诚信，他不会拥有真正的朋友，他不会受到别人的尊

重，还谈何尊严？

※拥有诚信，便拥有一笔宝贵财富。因为诚信，你可以拥有许多朋友，而朋友又是人生中不可多得的宝贵财富。因为诚信，你会赢得许多机会，而许多机会是可遇不可求的宝贝财富。

※诚信是一种美德。一个诚信之人，会散发出靓丽的个人魅力，让周围的人对你刮目相看。一个诚信之人，他的人生会日趋完美，事业也会因此而更加辉煌。

寄语父母

※您首先要做一个诚信之人。一个经常失信的父亲或母亲，很难培养出一个诚实守信的孩子。正如"曾子杀猪"这个故事一样，在生活中您不能随意编谎言来欺骗孩子，给孩子留下不诚信的印象，让孩子也学着欺骗人。

※不要轻易许诺。不管是在孩子面前，还是在别人面前，您都不要轻易许诺。因为，如果您许下的诺言没有能够兑现，便会成为一个不诚信的人。记住，一诺千金！在许诺之前，一定要考虑，您是否会兑现这个诺言。

※肯定和鼓励孩子的诚信行为。当您发现孩子在某件事情中，信守承诺，您一定要表扬他，鼓励他继续这样做。这样，孩子会觉得信守诚诺是一件好事情。

印度有句谚语说道:"当你帮助同伴摆渡过河时,你自己也已经达到了幸福的彼岸。"是啊,当我们为别人解决一个困难时,我们是不是也有如释重担的快乐呢?

赠人玫瑰,手有余香

个案展示

我的班上,有一个叫玉茹的女孩子生病住院了。

玉茹的爸爸妈妈在远方打工,她跟着年迈的奶奶生活。我不忍心看着年迈的老人拄着拐杖,到医院照顾玉茹,便动员班上的孩子,轮流到医院照顾玉茹,然后再抽时间补习落下的功课。多数孩子都报名参加了这次有意义的活动,班长还特意安排出了轮次表,标明哪些同学白天去照顾玉茹,哪些同学晚上去照顾玉茹。

然而,晓婧却异常的冷漠。她没有报名加这次活动,还说:"我为什么要去照顾她呀?她与我非亲非故的。"

对晓婧的冷漠,我本想采取旁观的态度。其实,我真正的想法,是想让孩子们热心助人的热情去感染晓晴。哪知道,晓晴的态度,像传染病一样,传染给了别的孩子,一下子有好几个孩子都改变了主意,不愿意去医院照顾玉茹了。我问原因,他们都说:"我和玉茹非亲非故的,为什么要去照顾她呀?"

这话,与晓婧所说的如出一辙。

看来,我不得不与晓婧好好谈一谈了。

心灵交流

亲爱的孩子:

我知道,你特别喜欢听我讲故事。在这里,我先给你讲一个故事吧——

故事发生在美国。一个北风呼啸的夜晚,一对老夫妇来到一家简陋的旅店门前,说要住店。店里的小伙计说:"对不起啊,店里的客人已经满了。"

"可是,我们找过好多家旅店,都说客人已经满了。"老人十分着急地说,"这样寒冷的天气,我们该怎么办呢?"

看着这对着急的老夫妇,小伙计说:"这样吧,你们在我的床位上住一晚,我自己打个地铺吧。"

小伙计不但为这对老夫妇铺好了床,又给这对老夫妇端来热水暖和手脚,还端来热腾腾的饭菜,为这对老夫妇赶走了饥饿。

第二天,这对老夫妇离开的时候,要付旅店费,小伙子坚决不收,他说:"我只不过做了一件让自己开心的事情。"

两年后的一天,小伙子收到一封来自纽约的来信,信里夹着一张往返纽约的双程机票,信上的内容是邀请他去拜访一对老夫妇。而这对老夫妇,就是在那个寒冷的夜晚,小伙计收留的那对老夫妇。

原来,老夫妇在纽约最繁华的街道上,建了一栋五星级的酒店,他们要请小伙计做这家酒店的总经理。

孩子,听了这个故事,你想到了什么?

小伙计乐于助人的行为,赢得了老夫妇的信任与喜爱,他所拥有的这一切并不是偶然的,而是自己用乐于助人的高尚品质换来的。

一代伟人毛泽东,也是一个乐于助人的领袖。八岁的毛泽东在私塾里读书的时候,中午要自带午饭,他常常把自己的饭菜分给那些家境特别贫寒没有饭吃的同学,自己却挨饿。毛泽东的母亲知道了这件事后,并没有责怪毛泽东,而是让他多带一些饭,分给更多的穷孩子们吃。

毛泽东和他的母亲,都是乐于助人之人。把自己并不多的饭菜,分一些给别人,帮助别人度过饥饿,他们的心底一定涌动着幸福。

除了把饭分给贫穷的同学吃,毛泽东还把自己的衣服送给贫穷的同学穿。有一年冬天,毛泽东在上学的路上,遇到一个因穿得极为单薄而冻得发抖的同学,他便脱下自己的夹袄,披在了那个同学的身上。直到第二年，毛泽东的母亲翻晒冬衣时，才发现少了一件夹袄。当母亲知道事情的真相后，他还是没有责怪毛泽东。

孩子，让我们一起想一想，毛泽东把夹袄披在同学身上的时候，他自己的心里是不是也暖洋洋的？如果毛泽东眼见着同学挨冻，即使他穿着夹袄，心里也一定是冰冷的吧？

印度有句谚语说道："当你帮助同伴摆渡过河时，你自己也已经达到了幸福的彼岸。"是啊，当我们为别人解决一个困难时，我们是不是也有如释重担的快乐呢？

玉茹同学生病住院了，她多么需要有人照顾，如果让那年迈的奶奶去照顾玉茹，我们能放心吗？如果真是那样，我们大家都会担心：奶奶会不会摔倒？奶奶会不会累病？奶奶会不会照顾不了玉茹？有了这份牵挂，有了这份担心，我们会快乐吗？我们会安心地坐在教室里上课吗？如果同学们都愿意牺牲一点时间与精力，把玉茹照顾好，让她早日出院，岂不是更大的快乐？

在学习与生活中，我们每个人都会遇上各种不同的困难，有些困难，我们可以自己解决，但有些困难却需要得到别人的帮助。例如：跑道上，有同学摔伤了，就需要大家伸出援助之手，把这位同学扶起来，送到医务室；遇上了一道难题，冥思苦想，也没有办法做出来，就需要身边的同学前来帮助，找到解决问题的思路与方法；心中有了烦恼，也需要身边的朋友，帮着分析，帮着排解忧愁……如果我们的身边缺少了乐于助人的人，我们的生活便不会那么美好。

还记得铺天盖地的洪水吧？肆虐的洪水，为什么没有冲走人们的意志？因为有乐于助人的同胞。还记得漫天大雪带来的雪灾吧？冰天雪地，为什么没有冰封住人们的笑脸？因为有乐于助人的同胞。还记得天昏地暗的地震吧？地动山摇，为什么没有动摇人们重建家园的决心？因为有乐于助人的同胞。

乐于助人，一个多么响亮的词语！一种高尚精神的代名词！

常言道："赠人玫瑰，手有余香。"孩子，伸出你的手，捧出一颗滚烫的心，去温暖身边的每一个人吧。

爱你的老师
2011年6月16日

寄语孩子

※乐于助人，是快乐之本。一个不愿帮助别人的人，他得不到多少快乐。

※勿以善小而不为，勿以恶小而为之。助人为乐亦如此，要从身边的小事做起。帮助别人做一件小事，便积累一份快乐。

※只有乐于帮助别人的人，才能得到更多人的帮助，才能拥有更多朋友。

※华罗庚说："人家帮我，永志不忘；我帮人家，莫记心上。"记住别人给予你的帮助，不要把自己给予别人的帮助放在心上，这应该是助人为乐的最高境界吧。

※把助人为乐的作为一种品质，让自己努力具备这种品质，

并在生活中随时彰显这一品质，让助人为乐成为我们的生活中必不可少的一部分。

寄语父母

※培养孩子学会爱。一个人，如果没有爱心，他是不会愿意帮助别人的。所以，为人父母，您要先教孩子学会爱，学会爱身边的每一个人。

※和孩子一起帮助别人。您可以和孩子一起关心邻居的生活；您可以和孩子一起打扫公共地段的卫生；您可以定期带孩子去敬老院，帮助老人们洗衣服、打扫房间、剪指甲等，让孩子学会乐于助人，并从乐于助人中享受快乐。

※鼓励孩子乐于助人。当孩子乐于助人时，您要表现出赞许，用语言，用目光，表明您对他的肯定。当孩子不愿意帮助别人时，您要及时教育孩子，告诉他，乐于助人是一种美德。同时，您应该伸出援助之手，以身作则，帮助身边需要帮助的人。

当你把没穿过几次的衣服鞋袜塞进衣柜里的时候,你是否想过,这些都是父母的辛苦钱换来的?你是否想过,在遥远的山村,还有多少孩子穿着破衣服,光着脚丫,行走在山路上?

当家才知盐米贵

个案展示

一个桂花香弥漫着整个校园的早晨,我走进办公室,便看见办公桌上放着一张生日请柬。

班上一个叫明越的男孩子,要过生日了,我拿起生日请柬,由衷地祝福他:生日快乐,健康成长。

可是,很快,班上传出了风言风语:明越生日那天,准备在一个高档酒店,置办十桌生日宴席。这是真的吗?一个孩子过生日,用得着这样铺张浪费吗?

我找到了明越,问他是不是真的要办十桌生日宴席。明越没有说话,但从他的表情可以看出,他是决定要办这个生日宴席了。

据了解,明越的爸爸妈妈都是公司里的高层管理人员,都有一笔很不错的收入。平时,明越花钱也大手大脚,隔三差五地请同学们进麦当劳或肯德基,每次都要消费几百块钱。他还经常出入商场，买较为高档的服装。就是他脚上穿着的那双运动鞋，也价值八百多元。

面对明越这种铺张浪费的行为，我的心久久不能平静。

心灵交流

亲爱的孩子：

你的生日快到了，在此，我真诚地祝你：生日快乐！孩子，你已将长大一岁，你会变得更懂事，我真为你高兴。

还记得小时候，我过生日的时候，妈妈会为我蒸一碗白米饭，奶奶会为我煮一个鸡蛋。那时候能吃上一碗白米饭和一个煮鸡蛋，是一件多么奢侈的事情啊！而今，生活富裕起来了，我们不再为一碗白米饭和一个鸡蛋发愁，我们天天都可以吃白米饭，天天都可以吃鸡蛋。

在这里，我有一个关于过生日的故事，要讲给你听。

在朱元璋的故乡凤阳，流传着这样一首歌谣："皇帝请客，四菜一汤，萝卜韭菜，着实甜香；小葱豆腐，意义深长，一清二白，贪官心慌。"朱元璋在给皇后过生日时，只用红萝卜、韭菜各做一碗菜，用青菜做两碗菜，再加一碗小葱豆腐汤，宴请各大官员。然后，他还约法三章，以后不管谁请客，都只许做四菜一汤，如果违反规定，严惩不贷。朱元璋的四菜一汤的歌谣，作为节俭的典范，流传至今。

皇家的生日宴，按我们的想像，应该是山珍海味满桌、美酒满杯,然而,朱元璋却只做四菜一汤,难道不是节俭的典范吗?

孩子,你听说过这样一句英国谚语吗?"节约便士,英镑自来。"这是英国女王伊丽莎白二世经常说的一句谚语。伊丽莎白二世也是节俭的典范。每天深夜,她都要亲自熄灭白金汉宫小厅堂和走廊的灯。让我们一起想一想,皇宫大院,哪一夜不是灯火通明?伊丽莎白二世在用牙膏的时候,她还坚持把牙膏挤到一点不剩。

孩子,回忆一下,你在睡觉的时候或离开房间的时候,所有的灯都关掉了吗?你的牙膏管,是挤到一点不剩才扔掉的吗?

伟人毛泽东,一生粗茶淡饭,他睡的是硬板床,穿的是粗布衣,生活非常简朴。毛泽东的一件睡衣,补过七十三次,穿了整整二十年。有一次开会,他留大家吃午饭,餐桌上只有一大盆肉丸熬白菜,还有几碟咸菜,主食便是烧饼。

"历览前贤国与家,成由勤俭败由奢。"意思是说:纵观历史,大到国家,小到家庭,都是兴于勤俭,亡于奢侈。古今中外,多少仁人志士,他们勤俭节约,奋发有为,终成大事。而又有多少人,他们在富贵中骄奢淫逸,最后,万贯家私、百年基业,都毁在他们手中。

孩子,也许你会说,现在的生活富裕了,再怎么浪费,也不至于败家亡国吧。孩子,请你记住这句话:"一粥一饭,当思来之不易;半丝半缕,恒念物力维艰。"是啊,"谁知盘中餐,粒粒皆辛苦",每一粒米饭,都来之不易。半根丝线,也都凝聚着劳作的辛苦。

当你在大把大把地花钱的时候，你是否想过爸爸妈妈工作的辛苦？或许，他们总是很早就起床，半夜才加完班回家。回到家里，他们可能还要继续做白天没有做完的工作，或者为第二天的工作做准备。爸爸妈妈挣钱，也非常辛苦啊！

当你把没穿过几次的衣服鞋袜塞进衣柜里的时候，你是否想过，这些都是父母的辛苦钱换来的？你是否想过，在遥远的山村，还有多少孩子穿着破衣服，光着脚丫，行走在山路上？

孩子，对于你的爸爸妈妈来说，需要用钱的地方还很多。你的爷爷奶奶、外公外婆都一天天年迈，他们需要你的爸爸妈妈来赡养。当他们老得不能照顾自己的生活的时候，他们的一切开支都得由你的爸爸妈妈来支付，这是他们应尽的孝心。你也一天天长大，你的生活及学习所需要的费用，也必须由你的爸爸妈妈来支付。然而，你却这样铺张浪费爸爸妈妈辛苦挣回来的钱，你不觉得这样做，问心有愧吗？

常言道：不当家不知盐米贵。孩子，当你成家立业的时候，你才会感受到，生活处处都需要钱。如果不养成节俭的好习惯，再多的钱都会被花光。"坐吃山空"，说的就是这个道理。当你需要大笔钱的时候，你会感慨："哎，要是以前节约一些就好了。"

对于你的生日，找几个同学，和爸爸妈妈一起，买一个生日蛋糕，点上生日蜡烛，唱一首生日歌，许下一个美好的心愿，快乐地庆贺一下，是完全可以的。但是，绝对不可以在高档酒店里大摆宴席，这是多么浪费呀。孩子，你想一想，你这一次宴席，可以帮助多少失学孩子上学了呀？可以为多少孩子买课外读物了呀？可以给多少贫困孩子买新衣服了呀？

孩子，生日这一天，你最应该做的事情，是感谢你的爸爸妈妈。因为，他们生养了你，有了他们的悉心照料，才有你的健康成长。生日那天，你要怀一颗感恩的心，为爸爸妈妈做一点事，尽一点你感激的心意。

孩子，我再一次祝你生日快乐！也祝愿你成长为一个节俭懂事的孩子！

爱你的老师
2011年6月20日

寄语孩子

※节俭是中华民族的传统美德之一，也是我们应该具备的优秀品质之一。从现在开始，请你有计划地开支你的零花钱。当你在用这些零花钱的时候，你可得想一想，父母挣钱不容易。

※人们常说："钱要用在刀刃上。"意思就是说，不到迫不得已，不要花钱，要把钱花在最需要的地方。有些可买可不买的东西，我们就不要买。有些现在买来没有多大用处的东西，也不要买。

※不要盲目攀比。同样都是用来蔽体驱寒的衣服，我们没有必要与别人攀比，非要买高档的名牌衣服，我们可以选择物美价廉的衣服，节约许多开支。

※陆游说过："天下之事，常成于勤俭而败于奢靡。"我们要

想成为一个优秀之人，要想拥有一个美好的家庭，要想齐心协力建设一个繁荣昌盛的国家，就一定要厉行节约，绝不铺张浪费。

寄语父母

※让孩子明白劳动的艰辛。让孩子实际参与一些生活劳动，如到田间参与种地、采摘茶叶等，让孩子懂得，每一粒米、每一滴水、每一分钱都来之不易，都需要用辛勤的劳动换取，所以，都不能浪费。

※建立家庭账本。可以建一个家庭账本，把每个月的开支记录下来，月末再结算，让孩子看到诸多的小项目汇聚在一起，就是一笔不少的数目。这样，可以让孩子明白：家里需要用钱的地方很多，所以，平时要节俭。

※给孩子建立一个账本。让孩子把自己的零花钱记在账本上，厘清每一笔支出，甚至可以拟一个支出计划，让孩子养成节约开支、合理开支的习惯。

※引导孩子树立正确的消费观。当孩子提出要买什么东西的时候，您不能因为经济宽裕而掏钱就买，而是要帮助孩子分析，这些东西该不该买，买来有多少实用价值。在生活中，要帮助孩子树立正确的消费观。